JESUS, A INSPIRAÇÃO DAS RELAÇÕES LUMINOSAS
Copyright © 2015 by Wanderley Oliveira

1ª Edição | abril de 2015 | do 1º ao 15º milheiro
Dados Internacionais de Catalogação Pública

DUFAUX, Ermance (Espírito)
Jesus, A Inspiração das Relações Luminosas.
Ermance Dufaux (Espírito): psicografado por Wanderley Oliveira.
DUFAUX: Belo Horizonte, MG. 2015

305p.   16 x 23 cm

ISBN: 978-85-63365-64-4

   1. Espiritismo   2. Psicografia

   I. OLIVEIRA, Wanderley   II. Título

CDU 133.3

Impresso no Brasil
Printed in Brazil
Presita en Brazilo

Editora Dufaux
R. Contria, 759 - Alto Barroca
30431-028 Belo Horizonte MG
(31) 3347 1531   www.editoradufaux.com.br
comunicacao@editoradufaux.com.br

 Conforme novo acordo ortográfico da língua portuguesa ratificado em 2008.

Os direitos autorais desta obra foram cedidos pelo médium Wanderley Oliveira à Sociedade Espírita Ermance Dufaux (SEED). Todos os direitos reservados à Editora Dufaux. É proibida a sua reprodução parcial ou total através de qualquer forma, meio ou processo eletrônico, digital, fotocópia, microfilme, internet, cd-rom, dvd, dentre outros, sem prévia e expressa autorização da editora, nos termos da Lei 9.610/98 que regulamenta os direitos de autor e conexos.

Ermance Dufaux
Wanderley Oliveira

JESUS

A inspiração das Relações Luminosas

Série Culto no Lar

Dufaux editora

Sumário

Prefácio
Jesus e os relacionamentos luminosos – Ermance Dufaux, **10**

Introdução
Cursos de amorosidade no Hospital Esperança – Maria Modesto Cravo, **16**

Como usar as frases terapêuticas no final dos capítulos – Wanderley Oliveira, **26**

1. Faça a travessia pela ponte do autoamor, **32**
2. Vá pelo caminho da religião, mas lembre-se de que sua meta é o amor, **38**
3. Discernir faz bem, mas o julgamento é peso energético, **42**
4. Livre-se da saudade de si mesmo, **48**
5. Aplique um exercício para se libertar de conexões sombrias, **52**

6. Aplique um exercício para se proteger de opositores, **56**

7. Aprenda a lidar com a culpa por não gostar mais de alguém, **62**

8. A baixa autoestima dificulta a relação com os diferentes, **68**

9. O que você vai fazer com o que sobrou do relacionamento?, **74**

10. Por que você sente angústia?, **80**

11. Escreva uma carta para os filhos que já partiram, **84**

12. Ao encontrar pessoas mal-amadas, ofereça amorosidade, **90**

13. Mude seu conceito sobre os amargurados, **94**

14. Use suas habilidades emocionais para superar a antipatia, **100**

15. Faça uma limpeza no lixo da mágoa, **106**

16. Não sofra porque seu cônjuge não é espírita, **112**

17. Deixe cair as escamas da revolta, **118**

18. Use a fé para trabalhar a inconformação, **124**

19. Faça uma reflexão sobre honrar pai e mãe, **128**

20. O amor pode mudar seu carma, **132**

21. Construa um novo olhar sobre a vida, **138**

22. Faça luz em seu caminho antes de qualquer decisão, **142**

23. Ser forte não significa vencer todas as batalhas, **146**

24. Relações sadias necessitam de responsabilidade e não de controle, **150**

25. Carência: não entregue o volante da sua vida para ninguém, **156**

26. Perceba a diferença entre frustração e sensação de fracasso, **160**

27. Faça da inveja uma ótima companheira para o seu progresso, **164**

28. Se faltar a luz do amor-próprio, a sombra toma conta, **168**

29. A culpa por não conseguir mudar as pessoas que você ama é educativa, **172**

30. Não existem mães perfeitas, **178**

31. A distância pode ser uma ótima estratégia em relacionamentos tóxicos, **184**

32. Comportamentos que afastam você da lei do amor, **190**

33. Comportamentos que aproximam você da lei do amor, **196**

34. Em relacionamentos saudáveis você encontra espaço para ser quem você é, **200**

35. Cumpra seu carma primeiro com você, **204**

36. Ninguém precisa abandonar a família para exercer o autoamor, **210**

37. Amar os diferentes tem estágios que você deve respeitar, **216**

38. Aceitação, o segredo de uma vida mais leve e saudável, **222**

39. Desenvolva sua opinião e saia da prisão coletiva, **226**

40. A solidão só existe para quem se autoabandona, **230**

41. Estratégias para lidar com os problemas de quem você ama, **234**

42. O que acontece quando você tenta agradar a todos, **238**

43. Os dois primeiros sentimentos a enfrentar para quem busca o autoamor, **244**

44. Perceba que perfeccionismo e autocobrança são manifestações de vaidade, **250**

45. Identifique os ciclos que se encerram nos relacionamentos e na vida, **254**

46. Você tem reencontros ou projeções sombrias?, **260**

47. Descubra que as pessoas que você ama estão pertinho de você, **266**

48. Há um sentido luminoso da culpa no coração das mães, **270**

49. Ficar ao lado de alguém para pagar dívidas espirituais não é cumprir carma, **274**

50. Jesus e seu comportamento amoroso no Evangelho, **280**

Agradecimento, 284

Prefácio

Jesus e os relacionamentos luminosos

"E Jesus disse-lhe: Amarás o Senhor, teu Deus, de todo o teu coração, e de toda a tua alma, e de todo o teu pensamento. Este é o primeiro e grande mandamento. E o segundo, semelhante a este, é: Amarás o teu próximo como a ti mesmo. Desses dois mandamentos dependem toda a lei e os profetas."

Mateus 22:37-40

O amor é a ponte que pode permitir um trânsito harmonioso desde a inteligência até os sentimentos. Esse elo é a proposta da mensagem de Jesus. Ele inaugurou um novo ciclo para a Terra, demonstrando, com suas atitudes, que a justiça implacável da velha lei vigente naquele tempo não seria mais suficiente para conduzir o homem a novos patamares de avanços e conquistas. Ele não propôs a organização de uma nova religião, nem tampouco estabeleceu as bases de uma escola filosófica.

Buda, Lao-Tsé, Confúcio e inúmeros missionários do amor tornaram-se divulgadores sagrados que marcaram época com suas mensagens de amorosidade. Dentre eles, elegemos Jesus e seus ensinos como a nossa mais sublime inspiração, por uma questão de afinidade e pela profunda identidade com os princípios morais da Doutrina Espírita.

O Evangelho é uma proposta educacional para o amor. Seus textos, especialmente em relação aos ensinos do Mestre Nazareno, são reflexões sobre a convivência e seus desafios.

Como podemos perceber na citação acima, no campo dos relacionamentos, são três esses desafios: o amor a Deus e à Sua obra, vivido de coração, alma e entendimento, o amor ao próximo e, igualmente, o amor a si mesmo.

Segundo Jesus, nesses três ensinos estão resumidos toda a lei e os profetas.

A proposta da nossa equipe espiritual, nesta obra, sob o amparo do educador Eurípedes Barsanulfo[1], é fazer um estudo sobre a perfeita sinergia desses três ensinos e destacar que uma relação de amor consigo é a garantia mais sólida no desenvolvimento do amor legítimo ao próximo e também a Deus, principalmente nesse período em que o ego e a intelectualidade se destacam no comportamento humano.

Nossos apontamentos foram inspirados nas perguntas mais frequentes nos "Cursos de amorosidade à luz do Evangelho", promovidos no Hospital Esperança[2], organização de amor e luz aqui em nosso plano de vida no mundo espiritual. Esses cursos são realizados nas escolas do hospital, durante as madrugadas, e contam com a presença de muitas pessoas desdobradas pelo sono físico, ansiosas por melhorarem seus conceitos e seus hábitos nos relacionamentos humanos.

Conquanto esses três pilares do amor guardem íntima relação entre si, nossos cursos priorizam a importância do

---

1 Eurípedes Barsanulfo nasceu em Sacramento, em 1 de maio de 1880, e desencarnou na mesma cidade, em 1 de novembro de 1918. Foi, durante sua vida terrena, professor, jornalista e médium espírita brasileiro.

2 O Hospital Esperança é uma obra de amor erguida por Eurípedes Barsanulfo no mundo espiritual. Seu objetivo é amparar os seguidores de Jesus que se deparam com aflições e culpas conscienciais após o desencarne. Informações mais detalhadas sobre o hospital podem ser encontradas no livro *Lírios de esperança*, obra de autoria espiritual de Ermance Dufaux e psicografia de Wanderley Oliveira, Editora Dufaux.

desenvolvimento da amorosidade a si próprio como iniciativa fundamental e mais urgente, para que o amor ao próximo e a Deus não se transforme nos desvios já conhecidos na esfera das sociedades humanas.

O autoamor é capaz de criar uma vida mais leve e preenchedora de paz, é fonte geradora de saúde e bem-estar. Na sua ausência, o amor a Deus pode ser apenas uma relação de interesse na qual dizemos amá-Lo somente para aplacar dramas de nossa consciência. E na ausência desse autoamor, o amor ao próximo pode ser apenas uma expressão compulsiva do nosso egoísmo, em querer moldar a vida alheia às nossas necessidades e caprichos.

O projeto dos cursos visa desenvolver uma educação emocional que capacite a construção do autoconhecimento e dos relacionamentos luminosos à luz do amor.

De forma sucinta e despretensiosa, as reflexões dos nossos textos são apropriadas para uma discussão sadia em estudos individuais ou em grupos, visando uma maior aquisição de consciência emocional para alcançar os relacionamentos luminosos, isto é, aqueles que promovem e estimulam o amadurecimento da melhor parte uns dos outros. É a expressão do amor legítimo na prática.

Não nos moveu o desejo de concluir os temas abordados. Nossa didática é para desconstruir preconceitos, reexaminar comportamentos e propor estudos em forma de oficinas dos sentimentos e encontros de diálogo. Em clima de conversa amorosa e estimuladora, integrantes de iniciativas com esse propósito, podem registrar o sentimento de que estão tomando posse do roteiro entre o cérebro e coração, entre os pensamentos e os sentimentos, na solução dos seus conflitos e anseios interiores. É confortador encontrar respostas e fazer descobertas nesse mundo interior infinito.

Desconstruir é uma necessidade inadiável. Ressignificar conceitos é o caminho de um futuro melhor. Pensar com a alma aberta às novas incursões nos costumes e nas relações é um ato corajoso de abrir horizontes, escalar etapas e estabelecer ciclos novos que avançam na direção da regeneração do planeta.

Felizes por mais essa parceria com o mundo físico, rogamos a Jesus, o benfeitor exemplar da amorosidade, que nos guie a todos para dias melhores e mais alegres nas experiências diárias da afetividade com nossos elos de amor.

Ermance Dufaux

Belo Horizonte, fevereiro de 2015.

Introdução

Cursos de amorosidade no Hospital Esperança

"E por que reparas tu no argueiro que está no olho do teu irmão e não vês a trave que está no teu olho?"

Mateus 7:3

Meus filhos, muita paz!

Nas escolas noturnas do Hospital Esperança, os cursos de amorosidade são inspirados nas lições luminosas de Jesus.

Alunos de todos os segmentos religiosos, bem como pessoas sem nenhuma religião, matriculam-se buscando desenvolver e aplicar as diretrizes do amor na árdua e desafiante escola da convivência humana.

Os cursos são ministrados por educadores orientados por Eurípedes Barsanulfo, tendo como enfoque primordial a pedagogia do espírito. O objetivo é apoiar os participantes na superação dos efeitos emocionais dos papéis em sua vida interior. As funções que ocupamos, ao longo de vidas sucessivas, na família, no trabalho e na vida social de uma forma geral, submeteram-nos por longo tempo a programações mentais muito nocivas à expansão do legítimo amor entre as criaturas. Os conflitos da convivência humana obedecem a esse sutil contexto psicológico, emocional e espiritual para a grande maioria dos seres humanos.

As obrigações inerentes a esses papéis na vida nem sempre condizem com os sentimentos que experimentamos; nem sempre correspondem às nossas intenções mais verdadeiras, aprisionando-nos em condutas martirizantes para a alma. E o resultado mais infeliz de sermos obrigados a sentir algo por alguém, com base em normas sociais e culturais, distancia-nos da alfabetização emocional. Priorizamos crenças completamente opostas às nossas reais necessidades e interesses.

Escutar sentimentos, ouvir os apelos luminosos da alma e se guiar pela própria intuição que depura as sugestões da inteligência são o caminho almejado nesses cursos. E essa amorosidade não é uma conquista somente da vontade, mas também da atitude, pois não se conquista esse comportamento apenas com o desejo.

Ensina o benfeitor Eurípedes que a misericórdia leva à amorosidade, e a amorosidade tem por destino a concórdia. As três palavras que são pilares do amor, tema de ouro das nossas vidas, são: misericórdia, amorosidade e concórdia.

Ser misericordioso na relação humana é, sem dúvida, um dos mais poderosos segredos da arte de amar. Misericórdia é a atitude de manter a nossa mente no melhor das pessoas. Já pensaram no significa essa conquista? Jesus disse muito sobre o assunto.

Misericórdia é conseguir elaborar um nível de consciência emocional capaz de dominar nossas projeções sombrias com relação ao comportamento do próximo, percebê-las em nós e ainda encontrar palavras, atitudes e sentimentos de bondade e acolhimento para conosco e para com os demais.

Que conquista abençoada a misericórdia! Não existe outro caminho para que a amorosidade possa ser gestada e floresça em forma de paz nas relações. Ver o mal que há no outro, perceber que ele também pode fazer parte de nós e usar o afeto, a docilidade e o respeito para com ele. É impressionante a dificuldade que temos com esse assunto! Entretanto, sejamos amorosos até com isso!

É sempre com muita facilidade que mencionamos um "mas" em relação aos outros. O "mas" que expressa inveja, descrédito, repúdio e a compulsiva necessidade de diminuir o próximo. Somente compreendendo o mecanismo psicológico dessa ação é que poderemos valorizar a misericórdia nas relações. Quase sempre esse "mas" é um indicador de que detectamos algo no outro que se assemelha ao que trazemos dentro de nós. Aliás, se tomarmos por orientação cada uma dessas ressalvas que verificamos na pessoa alheia teremos nisso uma ótima forma de autoconhecimento. Basta-nos fazer algumas perguntas: "O que eu vi nele que eu tenho em mim?" "Por que será que destaquei esse aspecto dele?" "O que há em mim de semelhante?".

Os problemas da convivência começam exatamente porque ainda não desenvolvemos essa habilidade de manter a mente nos valores e recursos alheios. A imagem mental representada, formada a partir do que você pensa de alguém, é "cozida" longamente na vida mental até o momento em que, por um motivo qualquer, escolhemos adotar que tal pessoa é exatamente daquele jeito que pensamos, e usamos isso, muitas vezes inconscientemente, em defesa de algum ponto de vista embasado em nosso interesse pessoal.

Esse tema é bem estudado na psicologia junguiana como projeção de nossa sombra pessoal. É mais fácil e menos penoso percebê-la em outra pessoa do que em nós mesmos.

Jesus, em Sua psicologia profunda, já nos chamava a atenção para o fato de que ficamos reparando no argueiro do olho do outro, enquanto temos em nossos próprios olhos uma trave.

Esse hábito milenar de destacar alguma imperfeição nos outros pode até ser saudável, dependendo do que vamos fazer com o que percebemos. É bom que se diga: aquilo que verificamos no outro não é apenas a projeção da nossa própria sombra pessoal. O que vemos é real, pois o outro também possui o que estamos percebendo. O problema é que vemos apenas no outro e, o que é pior, não conseguimos ficar calados ou agir construtivamente com uma conduta amorosa.

Quem cala é indulgente e quem age de modo a corrigir com amor é misericordioso. A misericórdia tem também essa faceta: ela constrói, eleva e coopera. A atitude de misericórdia é fruto da compreensão e da bondade, um comportamento ativo e construtivo, e não somente um sentimento.

Presenciamos na atualidade uma intensa crise de valores e de identidade, promovendo uma projeção coletiva de sombras, criando os mais dolorosos quadros de conflito e dissabor nos relacionamentos.

Quando caímos na compulsiva e irrefreável necessidade de projetar nosso sombrio no outro, surge a acusação, a calúnia, a intriga, o malquerer, a cobrança, a mágoa, o melindre e tantos outros dramas que arruínam as chances da paz, do desenvolvimento do afeto e da amizade duradoura, criando as chamadas relações tóxicas ou destrutivas.

Não foi sem razão que Allan Kardec enfeixou um capítulo inteiro em *O evangelho segundo o espiritismo*, com o título "Bem-aventurados os misericordiosos"[1], que constitui um material doutrinário de profundas reflexões. Com relação a esse capítulo, os grupos de convivência, sejam eles espíritas ou não, poderiam estudar o tema com muita atenção e

---

1 *O evangelho segundo o espiritismo*, capítulo 10, de Allan Kardec, Editora FEB.

promover diálogos construtivos em favor da formação do clima de melhoria do afeto nos relacionamentos.

Nos cursos no Hospital Esperança utilizamos os temas desse capítulo, que trazem muita alegria interior em boa parcela dos estudantes.

Encontrar a saída para esse labirinto entre o cérebro e o coração é um dos principais resultados de tais encontros. Aprender a conectar o que se sabe com aquilo que se sente, descer com o conhecimento amealhado em informação e usá-lo em novas atitudes na transformação.

A convivência é o espelho mais fiel das nossas necessidades, o canteiro mais propício para germinar as sementes das nossas qualidades e a escola mais exigente para o aprimoramento da alma. Nela, refletem-se nossa sombra e nossa luz.

Algumas premissas dos nossos cursos serviram de fonte inspiradora para os apontamentos de Ermance Dufaux neste livro. Aqui seguem algumas das linhas básicas dos encontros de amorosidade no Hospital Esperança:

- O amor é a maior expressão do bem.

- A conquista do autoamor é a base de relacionamentos sadios e duradouros.

- O respeito aos limites pessoais é um guia seguro para a saúde das relações.

- É necessário cultivar a autonomia como ponto fundamental da ética de conviver.

- No aprendizado do amor, é impossível pular o capítulo da mágoa e da culpa.

- Você trata intimamente os outros como trata a si mesmo.
- Na escola da convivência, a árdua lição da inimizade e da oposição espera por nós.
- Relacionamentos de amor nunca acabam e preservam conexões astrais superiores entre as pessoas.
- Você não muda ninguém. Você apenas colabora com a mudança de quem decide mudar.
- Você não é responsável pelas escolhas de quem ama, mas pode influenciá-las.
- A carência de ser amado é fonte produtora de ilusões em seus relacionamentos.
- Amar não significa se anular em sacrifícios.
- Agradar a todos não é um caminho saudável nos roteiros da vida afetiva.
- Buscar a leveza nos relacionamentos é uma excelente meta para uma convivência madura.
- É necessário o desenvolvimento da capacidade de dizer "não" como sintoma de autopreservação.
- O enfrentamento aos abusos dos outros, a respeito de cobranças e expectativas, é uma medida de segurança.
- O prazer de dialogar é termômetro da boa qualidade dos relacionamentos.
- Enaltecer os valores um do outro é essencial à aplicação da amorosidade nos relacionamentos.

A nossa querida amiga Ermance deixou claro que, longe de quaisquer pretensões, seus textos visam o diálogo amoroso e conciliador. São singelas páginas que retratam questões muito humanas de quem está reencarnado, embora sejam igualmente assuntos nossos, os desencarnados, com os quais também ainda não conseguimos nos harmonizar por completo.

Que haja mais misericórdia em nossas vidas! É do consenso entre nós que nascem muitos caminhos para a amorosidade. Todavia, ser misericordioso é o roteiro mais curto na direção do amor legítimo e curativo.

Em nome de Jesus e como serva do bem, vos abençoo e peço para todos nós muita força para nos amarmos uns aos outros.

Maria Modesto Cravo

Belo Horizonte, fevereiro de 2015.

> "Ser misericordioso na relação humana é, sem dúvida, um dos mais poderosos segredos da arte de amar."

Como usar as frases terapêuticas no final dos capítulos

A querida benfeitora Ermance Dufaux orientou-me de forma um pouco diversa neste livro, tomando por base o formato dos demais da sua autoria. Uma das mudanças propostas por ela foi o desenvolvimento de uma prática de meditação, visando ampliar ainda mais os benefícios dos conteúdos dos textos ditados por ela nesta obra.

Elaborei frases terapêuticas após cada capítulo, sob supervisão dela, para que sirvam de inspiração para essa prática. A seguir, vou sugerir um passo a passo para a prática da meditação.

Essa técnica é muito fácil e tem objetivos bem saudáveis para a vida emocional e seus relacionamentos. Os resultados serão muito positivos na melhoria do padrão de sentimentos, quando realizada com intenções nobres e boa concentração.

Cada frase terapêutica será seu mantra a respeito do tema daquele respectivo capítulo que a antecedeu. O mantra é como uma prece, um método que, repetido várias vezes, verbal ou mentalmente, cria uma programação em sua mente e favorece o acontecimento daquilo que você repete.

Os conteúdos das frases têm por objetivo melhorar sua relação intrapessoal, de você para você, e interpessoal, de você em relação ao outro.

O primeiro passo é preparar o ambiente da meditação que deve ser sempre um lugar silencioso. Use preferencialmente uma hora em que você esteja mais descansado. Se quiser, pode colocar uma música suave. Acomode-se sentado ou deitado, faça algumas respirações pausadas e vá soltando sua musculatura física. Se não houver possibilidade de criar uma atmosfera mais apropriada, faça como for possível, pois isso não impedirá os efeitos benéficos da meditação.

O segundo passo é reler o capítulo do livro que mais mexeu com você. O tema desse capítulo escolhido, provavelmente, é um assunto no qual você sente necessidade de se aprimorar, investir ou reparar em sua vida emocional e relacional.

O terceiro passo é voltar para aquele estado de relaxamento inicial, ler e meditar na frase terapêutica ao fim de cada capítulo que chamou sua atenção.

O quarto passo é criar a visualização do encontro com Jesus: mentalize algum lugar na natureza em que você esteja sozinho. Pode ser um lugar que lhe traga boas lembranças ou um ambiente da natureza criado conforme o seu desejo. Sinta esse lugar. Olhe para os detalhes desse ambiente. Sinta a temperatura, veja o vento atuando na paisagem, registre o cheiro e ouça os sons desse lugar. Respire fundo várias vezes, soltando ainda mais a sua musculatura corporal.

Agora, mentalize Jesus diante de você. Olhe nos olhos Dele, perceba Seu sorriso e veja como o vento mexe em Seus cabelos. Sinta a presença do Mestre e estenda suas mãos para Ele.

Jesus também estende as mãos para você. Vá e pegue nas mãos abençoadas do Senhor e sinta a força do bem penetrando em seu coração. Sinta a energia do amor invadindo sua alma. Olhe sempre nos olhos de Jesus.

Converse um pouco com Ele. Peça ajuda para melhorar seu sentimento em relação a quem você desejar e que tenha algo a ver com o assunto que acabou de ler. Diga a Jesus que você quer aprender a ter respeito, amor, gentileza e bondade para com essa pessoa.

Em seguida, mentalize-se ajoelhando e recebendo em sua cabeça a bênção do Mestre, que espalma a mão direita sobre você.

Agradeça a Jesus, respire suavemente algumas vezes e volte lentamente a registrar o ambiente onde você se encontra.

Assim que recuperar suas sensações, faça uma oração de agradecimento por esse encontro e envolva também na prece a pessoa que você escolheu para sua meditação.

Wanderley Oliveira
Belo Horizonte, fevereiro de 2015.

"Sinta a presença do Mestre e estenda suas mãos para Ele."

Capítulo 01

Faça a travessia pela ponte do autoamor

Conhecer as realidades da sua vida interior o levará ao autoconhecimento, mas somente a mudança de hábitos com vontade firme e perseverante o levará à autotransformação.

Existe uma grande distância entre se conhecer e se transformar. No autoconhecimento, você identifica o caminho para uma melhoria pessoal. Na autotransformação, algo mais trabalhoso, você sente necessidade de se esforçar para aplicar e desenvolver o que aprendeu.

Quando você não usa seu autoconhecimento para ser alguém melhor, ele pode se tornar fonte de cobrança e culpa. Para que uma efetiva renovação possa se concretizar em sua vida é necessário fazer a travessia entre esses dois pontos através da ponte do autoamor.

Saber muito sobre si, examinar suas imperfeições e sondar suas necessidades mais profundas, sem aplicar acolhimento amoroso, pode redundar em conflitos tormentosos. Essa postura se chama autoquestionamento, uma atitude de duvidar de seu valor pessoal e de sua capacidade transformadora, algo que o distancia ainda mais de seu progresso na transformação pessoal e de sua paz, gerando dores emocionais severas. É a dor do martírio.[1]

---

[1] No capítulo do crescimento espiritual, torna-se essencial distinguir o que são as dores do crescimento e as dores do martírio. Não existe reforma íntima sem sofrimento, mas martírio é uma forma de autopunição, são penitências psicológicas que nos impomos

Todo crescimento implica dor. A dor do crescimento é necessária e impulsionadora. O martírio, porém, é a dor adicional, fruto de ausência de habilidades no gerenciamento da vida emocional e psíquica.

Essa ponte da ação de se amar é a atitude de entender o que precisa ser mudado em você, acolhendo-se com imenso amor, paciência e bom-senso, para alcançar suas metas renovadoras.

No autoconhecimento, você vai descobrindo a si próprio na sua mais profunda realidade. Se não houver um devido cuidado, você passa a se questionar e começa a desacreditar de si mesmo a partir do que descobre a seu respeito. Esse posicionamento é arrasador.

Você se conhecer ilumina seu entendimento, mas somente as atitudes de afeto, com suas sombras e limitações, motivam sua renovação para o bem e para a luz.

Estudemos as atitudes de amorosidade de Jesus diante das difíceis questões internas dos seus discípulos, quando se depararam com a preocupação de quem seria o maior dentre eles.

Jesus, educador emocional por excelência, faz uma radiografia da vida mental das pessoas presentes naquele acontecimento, chamando o menino para Si. Naquela hora, eles pensavam segundo suas emoções egocêntricas, discutindo quem era o maior no reino dos céus, deslocando o pensamento para ideias de grandeza com base

---

como se, com isso, estivéssemos melhorando. Ver mais no capítulo 1 do livro *Reforma íntima sem martírio*, obra mediúnica de autoria espiritual de Ermance Dufaux e psicografia de Wanderley Oliveira, Editora Dufaux.

no que sentiam em seus corações. O pensamento de importância pessoal resultava do sentimento de orgulho.

Jesus coloca o menino como exemplo a ser seguido. A criança de coração puro tem como centro de sua vida psicológica um pensamento de desprendimento do ego, não possuindo uma percepção superdimensionada de si mesmo.

O autoconhecimento é o caminho para identificar as percepções ilusórias dos seus pensamentos. O autoamor é o alimento que o fortalece na aquisição de uma noção precisa da sua verdadeira realidade. Somente com uma análise contínua e perseverante, envolvido em sadia afeição, você encontrará caminhos que o levarão ao menino que dorme nas profundidades da sua alma, podendo resgatar sua condição de pureza e liberdade perante a vida.

Uma relação de autoamor é a base de relacionamentos sadios e duradouros.

Frase terapêutica

Presenteie-se diariamente. Tenha um plano de amor para você, a cada um dos seus dias.

A dor do crescimento é necessária e impulsionadora."

Capítulo 02

Vá pelo caminho da religião, mas lembre-se de que sua meta é o amor

"E ainda que distribuísse toda a minha fortuna para sustento dos pobres, e ainda que entregasse o meu corpo para ser queimado, e não tivesse amor, nada disso me aproveitaria."

I Coríntios, 13:3

A religião é ferramenta. O amor é obra.

A religião ilumina. O amor liberta.

A religião orienta. O amor cura.

A religião é conhecimento. O amor é transformação.

A religião sem amor é prática devocional. Com amor, é religiosidade libertadora.

A religiosidade é a vivência emocional amorosa daquilo que a religião ensina.

Relembrando as palavras de nossa querida amiga dona Modesta:

"A religião é como um remédio prontinho para ser tomado, e o religioso é o doente que precisa dele.

Quando o religioso acredita que sua religião pode ajudar outras pessoas, ele apresenta sinais de que está começando a dar valor ao que está ingerindo.

Quando o religioso acredita que sua religião é o único remédio que pode curar a todos, ele apresenta sinais de como está doente e do quanto precisa do remédio que está tomando.

Quando o religioso acredita que está curado e que ele é mais importante que a religião, ele demonstra o nível de sua loucura.

> Religião é uma bênção, quando não fazemos dela um trampolim para o nosso ego.
>
> Que adianta ser religioso e continuar a mesma pessoa? Religião só é remédio quando encontramos nela algo que nos torne melhores."[1]

Religiosidade é trazer Deus para sua vida prática, para seu coração e não deixá-lo do lado de fora ou distante de você e das suas atitudes. É sentir a frequência de Deus na sua alma em qualquer lugar, a qualquer momento.

Religiosidade é amor aplicado. Paulo, em sua carta aos cristãos de Corinto, diz que mesmo se distribuirmos nossa fortuna para os necessitados e nos sacrificarmos pelo próximo, se o fizermos sem amor, tudo isso de nada valerá.

A fortuna e o corpo físico são bens importantes, mas passageiros. O afeto, porém, é a essência duradoura da caridade e da bondade.

Gestos de doação desacompanhados do compartilhamento afetivo são movimentos que beneficiam quem os recebe, mas não enriquecem quem doa. Religião sem amor pode fazer luz em suas ideias, mas não o liberta para encontrar Deus em seu próprio coração.

Frase terapêutica

Somente o coração aquecido pelo amor é capaz de derreter o gelo do cérebro repleto de ciência e intelectualidade.

---

[1] *O lado oculto da transição planetária*, capítulo 7, obra mediúnica de autoria espiritual de Maria Modesto Cravo, pelo médium Wanderley Oliveira, Editora Dufaux.

Capítulo 03

Discernir faz bem, mas o julgamento é peso energético

Quando você tem um propósito definido em relação a alguém e o analisa, usa a razão, a ponderação e o discernimento. Quando você o julga, usa o que tem dentro de você para sentir o outro. Analisar os outros é uma iniciativa necessária de proteção, limite e decisão para uma melhor convivência. Com base em uma análise sensata e imparcial, você pode ajudar as pessoas e cuidar com mais sensatez sobre o tipo de relacionamento a ser mantido com elas.

Julgar é diferente de analisar.

Julgar os outros é criar barreiras na convivência em função do que você imagina e sente sobre o outro, com base em suas próprias limitações, suposições e preconceitos.

O julgamento que você faz de alguém cria a sua realidade para entender aquela pessoa, mas não quer dizer que ela seja aquilo que você entende. Ao tentar encaixá-la no seu modo de entendê-la, você corre o risco de adotar condutas e jeitos de ser muito semelhantes ao que critica nela. Tudo aquilo que você censura, julga, critica e recrimina no outro com muita persistência, provavelmente você vai fazer igual ou parecido em algum momento de sua vida.

Essa é uma forte tendência da mente julgadora: trazer para dentro da sua programação mental todo comportamento com o qual se incomoda em excesso, usado para desvalorizar alguém ou alguma situação. E mesmo que você não cometa os mesmos erros que tanto reprova, essas programações mentais vão se tornar fortes e pesados vínculos energéticos entre você e essa pessoa ou situação.

É assim a lei de sintonia da vida. Se você escolhe a pior parte de alguém ou de algo, passa a carregar uma boa parcela desse mesmo contexto em seu magnetismo pessoal, em sua aura, piorando, em verdade, sua própria vida.

Quando você julga, estabelece em si mesmo condições e bases emocionais que o ligam à pessoa julgada, criando uma teia de energias semelhantes que o aprisionam, pois aquilo que você consegue ver e perceber no outro também lhe pertence.

A maturidade emocional acontece quando você usa o discernimento das suas aquisições para perceber o outro, sem se fixar em nenhuma ideia ou concepção definitiva sobre ninguém. Analisar é uma postura de maturidade.

O discernimento faz bem. O julgamento é peso energético.

O discernimento aproxima e protege. O julgamento afasta, cria barreiras e vinculações indesejáveis.

O julgamento é doença emocional. O discernimento é o raciocínio conduzindo o sentimento para criar o bem e o amor.

O julgamento é a compulsiva necessidade humana de fugir de si mesmo e projetar no outro as sombras que prefere ignorar. Ele vai enquadrá-lo na lei de justiça, atraindo para seus ombros o mesmo peso ou a ausência de caridade que tenta colocar nos ombros dos outros. Foi por isso que Jesus nos alertou para o fato de que seremos julgados com os mesmos recursos que julgamos e seremos medidos e valorizados da mesma forma que medirmos.

O discernimento é uma abertura para sentimentos mais fraternos, suaves e maleáveis, plenos de doçura, bondade e acolhimento. Discernimento esse que vai buscar na vida a leveza e a luz que você aplica no relacionamento com os outros, porque já o aplica para com você mesmo.

Frase terapêutica

O julgamento é o filho predileto do preconceito.

" Quando você julga, estabelece em si mesmo condições e bases emocionais que o ligam à pessoa julgada."

Capítulo 04

Livre-se da saudade de si mesmo

"E, respondendo Jesus, disse-lhe: Marta, Marta, estás ansiosa e afadigada com muitas coisas, mas uma só é necessária;..."

Lucas 10:41-42

Existem relacionamentos que vão se intoxicando a tal ponto que podem perturbar muito e tirar mais do que o sono. Nesse estado, você não sabe mais o que fazer para resgatar a saúde da convivência e aceita, sem perceber, a manipulação e o domínio como alternativas ilusórias de solução.

Com base em crenças limitantes, o mecanismo mental inconsciente adotado em tais contextos é algo como: "Vou fazer isso ou aquilo para agradar, assim serei amado ou respeitado". Ao agir assim, você se afasta de si mesmo para supostamente estar mais perto de quem ama. Em seguida, vem a angústia, o pânico, o desespero, a mágoa e outras tantas dores emocionais.

Em função de limitações morais, emocionais e espirituais, são geradas relações destrutivas e muito sofrimento quando desejamos amar e ser amados. É uma característica inerente à grande maioria dos habitantes da Terra, esse planeta-escola de relacionamentos provacionais.

Esse abandono de si mesmo, no entanto, não é um amor que cura, é sim uma ilusão que leva a um sacrifício. E onde comparece o sacrifício, abre-se um campo fértil para cobranças e conflitos, submissão e abuso. Nesse contexto, você perde a convivência com quem realmente é.

Muitos relacionamentos estão adoecidos por conta desse sentimento: saudade de si mesmo. Saudade de ter e reaver seus sonhos, de momentos de legítima felicidade e alegria. Isso acontece porque as pessoas se perderam de si mesmas ao longo dos relacionamentos, na esperança de ter o amor dos outros.

Quando Jesus declara para Marta, irmã de Maria, que ela andava ansiosa e afadigada, chamava sua atenção para o fato de que ela não estava se percebendo, pois estava ocupada em muitos serviços, distraída do essencial, condições emocionais de quem está ultrapassando todos os seus limites e deixando de considerar a si próprio.

Nessa mesma ocasião, na visita de Jesus à casa de Marta e do seu irmão Lázaro, Maria parou os afazeres diários para ouvir o Mestre. Marta tentava fazer todos os serviços ansiosamente. Diz o texto evangélico, a seu respeito:

> "Marta, porém, andava distraída em muitos serviços e, aproximando-se, disse: Senhor, não te importas que minha irmã me deixe servir só? Dize-lhe, pois, que me ajude.".[1]

Além de estar tão atarefada e tentar vigiar tudo, ainda solicitou a Jesus que alertasse a irmã. Fica patente a relação de autoabandono e a tentativa de colonizar o outro. Maria, no entanto, é o típico exemplo de quem deseja se encontrar, pois parou de fazer tudo, assentou-se aos pés de Jesus para ouvir Sua palavra e entender Seus ensinamentos libertadores. Esse gesto equivale a ouvir você e realizar o autoencontro.

Ame-se! Encontre-se! Mate a saudade de você mesmo! Isso é a maior prova de amor perante a vida. Cuidando de se amar, de melhorar sua estima pessoal, de suprir a sua carência com amor-próprio, você vai atrair o amor legítimo e compensador.

Frase terapêutica

Nenhuma pessoa poderá preencher seu coração, se antes você mesmo não aprender a fazê-lo.

---

[1] Lucas 10:40.

Capítulo 05

Aplique um exercício para se libertar de conexões sombrias

"A candeia do corpo são os olhos; de sorte que, se os teus olhos forem bons, todo o teu corpo terá luz."

Mateus 6:22

Quando você destaca as imperfeições e limitações de uma pessoa e se conecta de uma forma desrespeitosa e julgadora com sua parte sombria, você fica desprotegido energeticamente. Nesse quadro, dependendo de alguns fatores, você pode atrair para si até as enfermidades e os desequilíbrios do outro.

Esse fenômeno é chamado de conexão mental. São laços energéticos sutis criados com pessoas que passam pela sua vida, mas com quem você não tem uma convivência muito estreita e mais profunda. São contatos rápidos e algumas vezes até ocasionais, que, no entanto, podem repercutir no tempo, causando prejuízos à sua vida mental e emocional.

Em algumas situações, você pode resolver isso com um exercício singelo e de resultados eficazes, desde que seja realizado com sentimento sincero, fé e seriedade. Veja a seguir:

Pense na pessoa e dê as mãos a ela em sua mentalização. Diga, agora, com desejo e intenção elevados: "Peço-lhe perdão por julgá-la e olhá-la de forma sombria. Devolvo tudo o que lhe pertence e que atraí com meu julgamento e meu desrespeito". Mentalize e vá soltando as mãos. "Devolvo-lhe o que não me pertence. Além de devolver o que é seu, ainda envio forças luminosas do meu coração. Força de paz, de aceitação, de respeito". Agora, mentalize as mãos abertas na direção da pessoa. Você pode fazer o gesto fisicamente, se preferir. Diga: "Eu o acolho e abençoo com amor e peço a Deus pelo seu bem. Agora estou envolvido pela energia de profundo respeito por quem você é."

Faça o exercício, entretanto, não se esqueça de que o fato de você trazer para si um peso sombrio desnecessário só aconteceu por causa da conduta moral que você adotou para se conectar a essa pessoa. Portanto, passe a se cuidar mais em sua convivência, porque muitas dores e desajustes emocionais, doenças físicas e psíquicas, dentre vários outros desconfortos e perturbações, podem ser provenientes desse tipo de conexão sombria, criada pelo simples mau hábito de julgar e desrespeitar os diferentes e suas diferenças.

Jesus nos ensina que a lamparina do corpo são os olhos e se seus olhos expressarem a bondade que há em você, todo o seu corpo terá luz.

Ter olhos bons, essa a recomendação do Senhor! Para depurar seu olhar, trabalhe corajosamente na melhoria das suas emoções, cultive o olhar da compaixão com seus irmãos de caminhada e com todos os seres da natureza.

Com olhos amáveis, sua vida estará rodeada das forças superiores que representam o bem e a luz nos caminhos de sua existência, pavimentando a estrada de sua evolução de alegria, leveza e fé em suas qualidades e de quem passe pelos seus caminhos.

Frase terapêutica

É muito desgastante carregar o peso energético de não estar bem com alguém.

Capítulo 06

Aplique um exercício para se proteger de opositores

"Eu, porém, vos digo: Amai a vossos inimigos, bendizei os que vos maldizem, fazei bem aos que vos odeiam, e orai pelos que vos maltratam e vos perseguem, para que sejais filhos do Pai que está nos céus, ..."

Mateus 5:44-45

Com tantas pessoas que gostam de você, que vibram a seu favor, que acreditam nas suas qualidades, toleram seus erros e respeitam suas imperfeições, por que você vai ficar com a mente fixa naqueles que não o querem bem ou o espezinham?

Nas questões da convivência, será uma atitude realista admitir que, assim como você não consegue simpatizar com todas as pessoas, nem todas as pessoas encontrarão atrativos em você, principalmente tratando-se da escola terrena, por enquanto. Aceite isso com naturalidade. A simpatia e a antipatia, a aversão e a admiração fazem parte do conjunto de lições do aprendizado nos relacionamentos.

Trabalhe por sua paz e por seu equilíbrio, limpando o lixo das vibrações negativas e tóxicas diante das antipatias, dos ciúmes, das rivalidades e da inveja, que costumam consumir as forças de quem converte sua vida mental em verdadeiro campo de batalha.

Vamos, agora, fazer um exercício sobre essas questões.

"Primeiramente, coloque as duas mãos na testa. Imagine que está tocando em sua consciência e diga para você com convicção e em voz alta: "Eu sou amado, sou querido, tenho amigos verdadeiros e quero me desligar da energia pegajosa da inimizade e da desconsideração.", "Eu quero focar em quem merece e precisa de minha atenção, do meu carinho e do meu amor. Respeito cada ser em sua posição, cada um na sua faixa, mas quero resgatar meu eixo, meu lugar interior de paz. Quero o contato com minha energia sublime do amor a mim mesmo."

Após esse exercício, faça uma oração agradecendo por todas as suas conquistas, por mais simples ou menores que sejam, por todas as suas amizades e relações saudáveis. Mantenha vigilância para que suas referências verbais a quem se faz seu oponente sejam de respeito ou, quando não, adote o silêncio como medida de proteção.

Se você tem opositores ou pessoas que preferem antipatizar com você, fique ciente que isso demonstra que está havendo um movimento renovador em sua vida. Há algo em você que mexe com as estruturas de alguém ou de muitas pessoas. Esse mecanismo faz parte da lei em sociedade. Influímos uns sobre os outros e, com base nessas pressões, você se aprimora e vai aprender o que precisa.

Somente quem prefere a acomodação e a fuga consegue, ocasionalmente, ficar fora desse processo. Só quem não realiza nada de bom ou que não se transforma é que não sente essa energia opositora.

Sua vida vai melhorar bastante quando você começar a exercitar a certeza de que é mais importante ter a si mesmo do que ter o respeito e o apoio de todas as pessoas, algo, convenhamos, praticamente impossível no estágio de evolução espiritual da Terra.

Não querem apoiá-lo? Não querem respeitá-lo? Prossiga apoiando e respeitando a si mesmo. Não há maior e melhor defesa e mais eficaz iniciativa em favor dos seus esforços pessoais de crescimento no bem verdadeiro.

A recomendação de Jesus é rica de conteúdo libertador nesse sentido, quando Ele nos recomenda que amemos, oremos e façamos o bem aos nossos inimigos, caluniadores e perseguidores. Essa é a dinâmica de libertação de nosso Pai para todo o universo.

A orientação fala de pessoas que odeiam, maltratam e perseguem. Para com todos eles o remédio é o amor. Isso não significa que você tenha que gostar ou manter relações compensadoras com todos eles. Amor, nesse caso, é como você trata e lida com cada um desses opositores no reino de seu coração. Respeito e bondade para com eles é o mesmo que alívio e liberdade para você.

Sempre somos os maiores beneficiados quando tratamos a todos com amorosidade, mesmo aqueles que não a merecem.

Frase terapêutica

Pessoas que não gostam de você o ajudam a entender coisas profundas e sutis sobre sua personalidade. Basta ter humildade para examinar e coragem para aceitar.

> Só quem não realiza nada de bom ou que não se transforma é que não sente essa energia opositora."

Capítulo 07

Aprenda a lidar com a culpa por não gostar mais de alguém

"Vê, pois, que a luz que em ti há não sejam trevas."

Lucas 11:35

Eu estou me sentindo muito mal por não conseguir mais "gostar de alguém muito próximo."

Essa frase é a expressão do conflito interior de quem ainda não aprendeu a lidar com seus verdadeiros sentimentos. É necessário destacar que o fato de alguém admitir que está se sentindo mal por essa razão já significa que é portador de uma rara honestidade emocional, mesmo não possuindo habilidades para saber o que fazer com seu sentimento. Portanto, é uma frase de alguém com valores consolidados e que sofre essa dor visando ao aperfeiçoamento do seu universo emotivo.

Sentir-se mal com alguém em seus círculos de afeto ou não conseguir mais recuperar a amorosidade espontânea que nutria por ele, faz parte das necessárias e contínuas mutações que, naturalmente, podem ocorrer no coração humano.

A culpa, quase sempre, costuma ser a emoção principal que cria esse estado de sentir-se mal. Culpa por não gostar mais de um parente, amigo, colega ou alguém muito próximo.

Segundo os ensinamentos sociais e morais, é como se você tivesse de gostar por obrigação. O coração não funciona por dever. A estrutura dos sentimentos humanos é uma conquista que reflete a realidade e não permite fantasias.

Essa cultura de ser "obrigado" a gostar de alguém pode se tornar uma profunda fonte de adoecimento, pode estimular a falsidade e permitir enganos que ferem a sensibilidade com mágoas e dores diversas.

Alguns religiosos tornam o assunto ainda mais grave, porque se embasam nos ensinos de Jesus, alegando que temos de amar a todos. O amor a todos é recomendação universal, porém, o trajeto para essa meta superior é individual.

A relação humana é uma escola. Cada lição vem a seu tempo. Cada prova e cada nota, conforme as possibilidades do aluno. Com algumas pessoas, incluindo pessoas próximas, você terá de aprender que, antes do amor incondicional, muitos degraus o aguardam nessa subida espiritual e moral, tais como: o respeito, a superação da indiferença, o acolhimento às diferenças, o bom aproveitamento da inveja, a paciência construtiva, a cooperação afetuosa, a alegria do estímulo, a vibração do elogio sincero, a gratidão pelas lições rudes da convivência, dentre outras tantas lições.

O amor é gestado, paulatinamente, nessa fornalha escaldante das condutas afetivas diárias, visando a conquista da fraternidade na convivência.

As relações humanas não são iguais. Com cada pessoa, uma lição; com cada oportunidade, um sentimento e uma postura diferente. Cada contato, desde um singelo aperto de mão até o compartilhamento da afetividade durante décadas, é uma sequência de ciclos no desenvolvimento das qualidades do amor eterno e incondicional.

Quando Jesus alerta para tomar cuidado para que sua luz não se transforme em trevas, convida-o a um autoexame, para que sua honestidade emocional, que é uma luz em você, não tumultue e conduza seus sentimentos aos caminhos das trevas, da desordem e da instabilidade. Se a culpa comparece nessa situação, é para avisar-lhe de que há algo a ser revisado na sua convivência com alguém e não para que você se flagele por não dar conta de sentir o que gostaria.

Não se recrimine por não sentir amor por algumas pessoas, quando a vida lhe reserva outro gênero de aprendizado para com elas. Faça o seu melhor e verifique qual é a lição da vez.

Frase terapêutica

Você amadurece à medida que tem opiniões, escolhas e sentimentos que são somente seus, e que não são frutos de crenças absorvidas de outras pessoas.

"A relação humana é uma escola.
Cada lição vem a seu tempo."

Capítulo 08

A baixa autoestima dificulta a relação com os diferentes

"Isso diziam eles, tentando-o, para que tivessem de que o acusar. Mas Jesus, inclinando-se, escrevia com o dedo na terra."

João 8:6

A baixa autoestima é uma das causas da dificuldade de convívio com as diferenças pessoais de cada pessoa.

Quando a estima é frágil, o ego tenta suprir a mente com ideias e crenças de valor pessoal que objetivam sustentar o equilíbrio mental. Entretanto, o ego é implacável em assuntos de pontos de vista e, ao realizar esse suprimento, estabelece uma rigidez superlativa nessas ideias e crenças, enclausurando a mente na inflexibilidade e na soberba do saber, criando programações mentais prejudiciais à convivência.

Pessoas com pouca estima sentem muita necessidade de alardear conhecimento como expressão máxima e pontual da verdade.

Pessoas que se amam, ao contrário, são leves e aceitam melhor as diferenças, ou pelo menos convivem melhor com elas. Elas se acolhem e, por efeito, acolhem também as pessoas e o mundo que as rodeia.

Na construção da estima pessoal para se libertar desses mecanismos de dor do ego, é imprescindível que você se dedique a um processo lento e gradativo de educação emocional.

O primeiro passo é trabalhar as chamadas crenças de identidade, aquelas que dizem respeito a quem você acha que é ou sobre como você se sente a seu respeito.

Para acreditar no seu melhor lado, você terá de aprender a travar um diálogo curativo com todas essas crenças, ouvir o que elas têm a dizer e usar sua vontade firme e o desejo de melhorar como ferramentas de enfrentamento interior, com o objetivo de construir percepções mais reais, positivas e amorosas a seu respeito.

Para a maioria de nós, as crenças de identidade são conceitos idealistas sobre como o mundo e as pessoas deveriam ser, de acordo com o ponto de vista pessoal. Nesse processo, são adotados modelos de ser e viver muito distantes da realidade. Essas crenças de perfeição constrangem você a se sentir e a tentar ser alguém que não consegue ser, por enquanto.

Uma das formas mais práticas de reconhecer essas crenças de identidade é começar a verificar como você reage e se refere às pessoas e aos acontecimentos à sua volta. Existem colocações sabotadoras inconscientes que manifestam sua inabilidade em lidar bem com sua estima pessoal. São frases e formas de expressão que revelam suas dificuldades e limitações projetadas no ambiente social.

Analise algumas dessas formas de expressão que apresentamos a seguir e que expressam prováveis visões idealistas e julgadoras. Aprimore essa lista com suas próprias descobertas na rotina dos seus relacionamentos:

- "Essa atitude dele é pura expressão de vaidade."

- "Gente ocupada com a aparência e não com a essência está sempre perdendo tempo."

- "No caminho da espiritualização, você precisa se esquecer de si mesmo e fazer tudo para todos."

- "Ela é uma pessoa sem conteúdo que só procura estimular a inveja nos outros."

- "Pessoas assim só querem aparecer e o que gostam mesmo é de destaque e palco."

- "Pessoas ricas estão sempre no caminho do personalismo e do egoísmo."

- "O trabalho dele é pura propaganda de seu ego. Nunca vi tanta falta de humildade."

A necessidade humana de denegrir, reprimir, acusar, desmerecer e descobrir as imperfeições alheias é um termômetro sobre a vida interior. Tais comportamentos, várias vezes, são manifestações do próprio ego, projeções de sombras interiores que são jogadas nas relações.

No episódio do apedrejamento da mulher adúltera, narrado no Evangelho de João e utilizado aqui como texto de apoio, Jesus, com Sua luz e amor, tornou-se o alvo de projeções de sombras de uma multidão sem autoamor. Queriam achar algo para diminuí-lo, desprezá-lo, contestando Sua sabedoria: "Isto diziam eles, tentando-o, para que tivessem de que o acusar". Essas condutas são inerentes à dificuldade de convivência com as pessoas diferentes e suas diferenças. Jesus representava para eles uma ameaça pela sua forma diferente de ser.

O Mestre foi de uma postura luminosa. Manteve-se sereno, íntegro e acima das expressões sombrias daquele grupo, servindo de espelho para que todos pudessem se olhar e examinar quais eram suas verdadeiras intenções e qual a natureza das suas atitudes morais: "Mas Jesus, inclinando-se, escrevia com o dedo na terra."

Frase terapêutica

O amor floresce na convivência quando você abandona as fantasias sobre como as pessoas deveriam ser.

O ego é implacável em assuntos de pontos de vista."

Capítulo 09

O que você vai fazer com o que sobrou do relacionamento?

"E, por se multiplicar a iniquidade, o amor de muitos se esfriará."

Mateus 24:12

Relacionamentos não acabam, transformam-se.

Você pode encerrar a amizade, procurar ser indiferente, separar-se, tentar ignorar a pessoa, mas há uma parte espiritual e energética em cada relacionamento que sempre continua após esse rompimento. Essa parte você não anula e, dependendo do contexto, mesmo distante e sem contato, esse vínculo energético pode influir em seu mundo pessoal mais do que você imagina, trazendo malefícios, quando mal encerrados, ou uma força positiva, quando orientados para uma visão amorosa e compensadora.

No caso dos laços de desamor, a mente fica presa aos desafetos mesmo depois de rompida a convivência, produzindo sentimentos tóxicos de julgamento, antipatia e mágoa. Esse processo mental acontece porque sua consciência está solicitando um reexame de sua conduta sobre como você poderia ter agido no rompimento dessa relação ou, ainda, sobre descobertas que você necessita fazer a seu respeito no entorno dessa ruptura.

No fundo, o sentimento que estabelece essa prisão mental e emocional a acontecimentos e pessoas chama-se culpa. Quando ela persiste, sua função é promover essa revisão de conduta e organizar uma forma mais madura e sensata de olhar para o que aconteceu entre você e essa outra pessoa. A culpa, quando não é vista dessa forma, transforma-se em remorso e lhe fará muito mal.

Mesmo quando você não tem mais chance de reparar os laços, é importante fazer esse reexame consciencial, pois isso poderá ajudá-lo a desligar-se completamente da parte sombria desse relacionamento. Existe sua participação em tudo o que aconteceu de forma infeliz, sendo assim, enxergar sua parcela de ilusão é fundamental para virar essa página de sua vida.

Evidentemente, para tal, será preciso um tanto de humildade e uma porção bem dosada de coragem para enfrentar suas fugas e as suas justificativas narcisistas, que tentam atribuir a responsabilidade dos problemas somente à outra parte. Algumas vezes, a ajuda profissional especializada será inadiável para realizar esse corajoso mergulho em si próprio.

Somente realizando um contato saudável com essa culpa, olhando para seus alertas duros de admitir e revendo seu olhar sobre o passado, será possível a maravilhosa arte de perdoar e aceitar. Perdoar não é esquecer; é saber construir um novo olhar.

Em alguns rompimentos, o pior não é o fim da convivência, mas o que sobra dela dentro de você. Saber o que fazer com isso vai tornar sua vida muito mais leve e rica. Do contrário, quando você se mantém na esfera das más recordações, da mágoa, da infelicidade e da tristeza, está alimentando o sentimento de injustiça e perda. O efeito emocional lamentável de quem vive prolongadamente dessa forma é deixar esfriar o amor em sua vida. É por isso que Jesus nos alerta que, por permanecer no clima da inconformação e da rebeldia, multiplicamos nossas dificuldades íntimas e vivemos com a ausência desse amor.

Sem amor a vida perece, falta energia para viver. Tenha coragem e busque ajuda, orientação e luz, e não paralise sua existência diante de sonhos acalentados, mas não realizados. A todo instante é o momento de recomeçar, amar e viver em busca da paz e da felicidade. O sentimento de iniquidade pode ser superado com a força do ato de amar. Reconstrua a visão do passado enxergando nele lições e aprendizado e não injustiça e perda de tempo.

Frase terapêutica

A vida fica muito mais leve quando você fixa a mente em algo bom das pessoas e escolhe parar de olhar e destacar suas imperfeições. Quem ganha com isso é você.

Relacionamentos não acabam, transformam-se."

Capítulo 10

Por que você sente angústia?

"E, respondendo Jesus, disse: Descia um homem de Jerusalém para Jericó, e caiu nas mãos dos salteadores, os quais o despojaram e, espancando-o, se retiraram, deixando-o meio morto."

Lucas 10:30

A angústia é uma dor que se aloja no peito, sufoca sua iniciativa e o faz perder a noção do que está acontecendo com você, criando uma profunda sensação de instabilidade que não lhe permite saber o que fazer para se recompor. Entretanto, ela tem um significado fundamental no equilíbrio e na sanidade do ser.

A angústia vem com a finalidade de avisar que seu mundo interior está se desorganizando ou já está desorganizado. Quase sempre se trata de algo antigo que você ainda não compreendeu ou não tem consciência para mudar.

Em muitos casos, a angústia é o termômetro emocional que o alerta sobre o quanto você está se autoabandonando e tomando a direção contrária às suas necessidades de realização interior. Ela surge quando você está se desconectando de sua autenticidade, de sua verdade pessoal e de seu caminho individual no mapa da existência. Não enfrentar seus medos, querer ter controle de tudo, usar de muita perfeição nas atitudes, conviver exaustivamente com a culpa e outros caminhos da dor emocional resultam nesse autoabandono.

Memorize essa ideia: ninguém e nada pode preencher mais o seu coração do que você mesmo. Entregar ao outro essa tarefa é terceirizar sua felicidade.

Quando você aprender a construir e a pavimentar o seu caminho com autoamor, sua vida emocional dispensará o corretivo da angústia. A angústia é para trazer você de volta a si mesmo. É uma dor que sinaliza o desvio de rota na caminhada da evolução. É você querendo resolver coisas de fora sem realizar a mudança interior.

A estrada do autoabandono é um roteiro de descida espiritual semelhante à do homem que saía de Jerusalém, cidade que simboliza as conquistas espirituais, para Jericó, centro das transições mercantilistas e materiais da época. Nessa atitude de se abandonar, você cai na mão dos velhos salteadores, como o orgulho, o ciúme, a inveja, o destempero, a compulsão em fazer escolhas pelos outros, a tristeza pela vida não ser como gostaria, a impaciência com a melhoria e o progresso das pessoas que ama, a sensação de fracasso diante dos seus deveres e tantas outras frustrações da sua vida. Depois desses assaltos emocionais, surge a terrível sensação de perda, de despojamento, junto com a dor das pancadas da culpa e, por fim, a angústia toma conta do seu mundo interior, deixando-o meio morto.

Quando se vir acometido pela angústia, faça duas perguntas: o que eu estou tentando controlar? O que eu não estou aceitando? Em seguida, busque uma mudança no padrão do seu comportamento, tomando por base as respostas.

Com essas duas perguntas, você tem enormes chances de entender o que está acontecendo ou de iniciar e promover a recuperação de seu estado íntimo. Se não houver melhoras, será necessária uma investigação mais profunda.

O controle sobre o que não é para ser administrável, especialmente os relacionamentos e as situações inalcançáveis, mais o fato de não aceitar os acontecimentos na vida, são causas muito presentes nos quadros de angústia. São dois comportamentos que consomem muita energia e afastam você de si mesmo.

Frase terapêutica

Autoabandono é você se sacrificar por alguém, receber desprezo e ainda chamar isso de amor.

Capítulo 11

Escreva uma carta para os filhos que já partiram

"E apareceu-lhe um anjo do céu, que o confortava."

Lucas 22:43

Procuramos dona Maria Modesto Cravo no período de elaboração deste livro, e nossa equipe espiritual solicitou a inclusão de um texto de sua autoria, destinado às mães que enfrentaram a dura experiência da partida dos seus filhos pela desencarnação.

Ela, com o carinho de uma mãe, encheu os olhos de lágrimas diante do nosso pedido. Entregou-nos um texto falando da sua esperança em multiplicar o consolo e a luz do amor entre almas em planos diferentes de vida.

Embora a técnica terapêutica por ela ensinada tenha sido destinada para o Dia das Mães, em qualquer época do ano que você desejar, sendo mãe, pai ou familiar de quem partiu, pode usá-la com ótimos resultados. É um texto belíssimo e oportuno. Dona Modesta, sem dúvida, é aquela mensageira que espalha amor como um anjo do céu que fortalece as almas.

O texto a seguir encaixa-se perfeitamente dentro de nossa proposta de ampliar aos olhos humanos a visão de que a convivência entre almas que se amam nunca se extingue.

> "Eu reconheço a dor que machuca o coração de uma mãe que teve de devolver seu filho a Deus e, às vésperas em que as homenagens na Terra são um louvor à maternidade[1], venho trazer uma notícia de esperança e amor

---

1 Mensagem enviada na véspera da comemoração do Dia das Mães no mundo físico, em 03/05/2014, na Sociedade Espírita Ermance Dufaux, em Belo Horizonte, através do médium Wanderley Oliveira.

àquelas que foram chamadas a entregar seus filhos aos braços da morte.

Nenhum dos seus filhos, mesmo os que aqui chegaram pelos caminhos da imprudência e do abuso, deixam de ser amparados e socorridos. Não existe orfandade no mundo espiritual. Até aqueles que infelizmente sucumbiram aos domínios da maldade e da desorientação, encontram almas que estendem mãos e carinho, alívio e amparo. Todos eles são adotados pelo amor das famílias espirituais que sempre velam pelos entes amados que aqui chegam.

Nas frentes de serviço junto ao Hospital Esperança, nos dias que antecedem ao Dia das Mães, os filhos fazem homenagens às mães que ficaram no mundo físico. Aqueles que ainda não puderam visitar suas mãezinhas escrevem cartas de saudade e elas são lidas em público, comentadas pelos mensageiros do bem que trabalham para que a aliança entre os corações que se amam jamais se desfaça e possa ser alimentada pela gratidão e pela alegria.

Quando seus filhos não podem ainda visitá-las, vocês são trazidas até eles, desdobradas espiritualmente pelo sono, para que a saudade possa ser amenizada em encontros de afeto e ternura. Nessa ocasião, vocês leem juntos as cartas ricas de afetividade e calor humano escritas por eles.

Eles são orientados para escreverem sobre o amor e os sentimentos nobres em relação às suas mães. São páginas repletas de palavras enternecedoras, que fortalecem a vontade de viver, lhes servem de terapia, de consolo e de motivação para a continuidade da caminhada na vida imortal.

Eu sei que muitas mães adorariam receber uma carta dessas com notícias dos seus filhos, pelas quais pudessem ter o alívio de saber que eles continuam bem e amparados, entretanto, por que não fazer o contrário? Eles também adorariam ler suas palavras e ter notícias que lhes adicionasse ainda mais coragem e vontade de viver. Eles também sentem saudades. Eles não deixaram de amá-las.

Para aquelas mães que se sentem prontas a tal iniciativa, vou orientar como devem proceder. Escrevam um pequeno texto falando aos seus filhos amados como se sentem e como se preocupam com eles, mas adicione ao seu carinho e saudade um presente de amor a eles, falando também que aceitam a distância como um convite da vida para que os seus destinos se enriqueçam. A carta aos seus filhos, a exemplo do que acontece com as que eles escrevem por aqui, terá uma ação terapêutica.

Pegue sua cartinha na noite anterior ao Dia das Mães[2] e coloque-a aberta ao lado de uma foto do seu filho. Pense em Maria de Nazaré, a mãe bendita de todos nós, e faça uma oração agradecendo pela oportunidade de poder acreditar na vida além da morte. Ore e faça mentalmente um gesto no qual você está entregando a correspondência a seu filho amado e vá repousar. Sua carta será entregue e sua dor da partida será amenizada. Comemore o Dia das Mães com esse presente, guardando a certeza de que a vida continua e de que a morte nunca separa e nem é capaz

---

2   A autora espiritual destacou no início da mensagem que a carta pode ser escrita em qualquer época do ano (N.A.).

de retirar a alegria de viver entre aqueles que estão eternamente ligados pelos vínculos do amor.

Eu, Maria Modesto Cravo, como mãe e amante do Bem, vou ouvir suas preces e encaminhar aos seus filhos o seu tributo em louvor da luz e da esperança que devem reinar entre nós.

Que Jesus vos inspire e acolha!"

Frase terapêutica

A morte separa as almas pelo olhar, mas não interrompe o amor e a conexão que as une pelo coração.

Capítulo 12

Ao encontrar pessoas mal-amadas, ofereça amorosidade

"Eu, porém, vos digo que não resistais ao mal; mas, se qualquer te bater na face direita, oferece-lhe também a outra;"

Mateus 5:39

Existe uma expressão popular, usada quando queremos nos referir a uma pessoa infeliz, mal resolvida, amarga e que não foi correspondida no amor: pessoas mal-amadas.

Realmente, não ser amado é algo muito cruel e doloroso. Não ter o cuidado e o carinho de alguém para com você, não ter a atenção de alguém para com seus problemas e não ter o apoio de um afeto é o mesmo que deixar de se nutrir com uma alimentação básica e essencial para a sanidade e a paz.

Na ausência dessa nutrição afetiva, muitos tomam o caminho do adoecimento emocional por meio de comportamentos agressivos, arrogantes, controladores, solitários e depressivos em atitudes de acentuada perturbação. São enfermos viciados em mal humor e com o estranho gosto de ferir.

Amar e ser amado é fundamental. As pessoas mal-amadas estão suplicando socorro com seu jeito tosco e amargurado de ser. Existem muitas formas inteligentes e educativas de agir para com eles e se proteger das suas energias tóxicas, porque reagir com as mesmas estratégias que eles usam é como jogar gasolina no fogo.

Respeite incondicionalmente esses indivíduos atormentados. Eles não são, necessariamente, pessoas maldosas. São almas sofrendo o vazio que o amor preencheria. Tenha compaixão, pois elas são, também, filhas de Deus. Aprendendo a lidar com essas pessoas, você as ajuda e ao mesmo tempo se protege das farpas mentais que podem emanar.

Se você foi ferido ou agredido de alguma forma pelo mal humor de alguém nessas condições, recorde esse ensino do Cristo que nos convida a não resistir ao mal, mas oferecer a outra face se alguém nos agredir.

Existe uma mensagem singular nessa proposta. Ser agredido pelo destempero de alguém é uma lição inesperada que faz você se sentir injustiçado e que, por reflexo, acorda seu lado sombrio de raiva e revolta. Nessa hora, oferecer a outra face significa buscar sua parte interior luminosa, rica de compreensão e de bondade; significa fazer esse contato e permitir que ela organize suas palavras, pensamentos e atitudes, para diluir as manifestações infelizes daqueles que, em verdade, rogam uma pequena migalha de compreensão e amor.

Frase terapêutica

O que você acha que é pouco nas atitudes de alguém, talvez seja o melhor que ela pode dar.

Capítulo 13

Mude seu conceito sobre os amargurados

"... tendo cuidado de que ninguém se prive da graça de Deus, e de que nenhuma raiz de amargura, brotando, vos perturbe, e por ela muitos se contaminem."

Hebreus 12:15

Algumas pessoas são tomadas por uma necessidade doentia de serem realistas e ter o pé no chão, o que pode significar não ter um pingo de docilidade e leveza na fala e nas atitudes. O que as caracteriza é uma lamentável descrença perante os exemplos de amor na vida, uma amargura com tudo que alegra e sensibiliza o coração dos outros e uma compulsão por estragar os ideais que sustentam a vida alheia. Falta-lhes um senso de sensibilidade em suas relações.

Quase sempre tornam-se estraga-prazeres nos círculos onde convivem. As pessoas dotadas de um olhar pesado, transmitem a vibração da inveja e da indiferença. O nome dessa doença é amargura.

O temperamento de azedume tem muitas causas, mas uma que se destaca dentre todas é de fundo emocional. São as pessoas que sentem muita amargura, que cultivam modelos muito exigentes e rigorosos de conduta e não conseguem corresponder às suas próprias expectativas.

O amargurado se torna uma pessoa sem graça e sem doçura, porque espera muito de si mesmo. Costuma ser perfeccionista e um cobrador implacável a respeito da sua própria conduta. Na verdade, essa dureza a seu respeito é a forma como tenta esconder ou fugir de suas próprias dificuldades e dos seus impulsos ainda não conscientizados. É uma forma de se defender daquilo que o agride dentro de si mesmo, da sensação de indignidade, inutilidade e desvalor.

Com esse comportamento, magoa-se e constrói um sistema de humor seco, com um campo emocional que vai se endurecendo de revolta à medida que sente a decepção.

Pessoas amarguradas exalam uma energia de rigidez e costumam ser muito inflexíveis e duros nas palavras. Esses traços costumam se estampar em seu rosto e tonalidade vocal.

Somente com uma profunda disposição de reconciliação e acolhimento de si mesmo será possível mudar esse quadro emotivo. É necessária uma noção mais clara de limites para exigir de si somente o que é possível ser realizado, tratar-se com tolerância e bondade diante dos deveres, colocando como meta apenas fazer o seu melhor. Educar-se, enfim, para condutas de aceitação e construção de uma percepção real de suas imperfeições, qualidades e capacidades.

Se você convive com alguém amargurado, mude seu conceito. Essa pessoa está doente, precisando de compreensão e apoio. É alguém com profundo desespero interior a respeito da vida porque não sabe como viver de forma leve e alegre. Acolha essa pessoa, porém, não queira mudá-la, pois isso é com ela.

Ninguém deve se privar da bondade celeste, da graça de Deus que nos convida a viver o amor e senti-lo em seu coração. E se a raiz da amargura brotar no comportamento de alguém, não se perturbe para não se contaminar.

Para personalidades amarguradas que se aprisionam em suas próprias cadeias mentais e emocionais, a divina providência conta com você, que já amealhou ou está sensível a multiplicar o bem no mundo. Estenda a mão fraterna e abra o cadeado de dor dessas criaturas, libertando-as, ainda que por alguns instantes, dessa cela fria que é a ausência de docilidade e alegria de viver. Extermine assim a erva daninha dessa energia de amargura, protegendo a você mesmo e ainda evitando que ela contamine a outros.

Acolha o amargurado e mostre-lhe o amor e sua ventura.

Amargura?

Amar cura.

Frase terapêutica

Amor, acima de tudo, significa destacar a melhor parte uns dos outros.

O amargurado se torna uma pessoa sem graça, sem doçura."

Capítulo 14

Use suas habilidades emocionais para superar a antipatia

"Concilia-te depressa com o teu adversário, enquanto estás no caminho com ele, para que não aconteça que o adversário te entregue ao juiz, e o juiz te entregue ao oficial, e te encerrem na prisão."

Mateus 5:25

Você rompe um relacionamento com alguém em função de uma discordância ou ofensa. Fica uma energia ruim decorrente dessa situação. Diante desse quadro, tudo de bom ou positivo que você ficar sabendo sobre essa pessoa será mal recebido em seus ouvidos. Haverá um desgosto doloroso e martirizante em saber que ela continuou a caminhar, melhorou, obteve vitórias e está progredindo.

O nome disso é antipatia, um sentimento tóxico que o desgasta mesmo quando você deixa de ver ou de conviver com essa pessoa.

O sentimento que sustenta e alimenta esse malquerer chama-se mágoa. Mágoa é a dor que você carrega na alma quando alguém o surpreende desagradavelmente com decepções, invasões ou desrespeito, fazendo você se sentir agredido, lesado e ferido.

Já é algo desafiante para nosso ego torcer pelo sucesso alheio, quanto mais nesse contexto que exige superação desse sentimento no coração. A mente fica em disputa mental, estabelecendo comparações dilacerantes. São travados duelos sutis e infelizes na vida mental, acionando dores diversas impostas a você.

Essa dor da ofensa, porém, só acontece quando há uma porta aberta em sua forma de pensar e de ser, que permite transformar o que o outro fez ou disse em algo que o agride e fere. Com duas habilidades emocionais, essa porta pode ser fechada e o ciclo desse relacionamento também, cessando os desgastes e finalizando um aprendizado necessário ao seu progresso.

A primeira habilidade é ser capaz de fazer o exame consciencial a respeito do que aconteceu entre você e essa pessoa que desperta esse sentimento no seu íntimo. Verifique se hoje, fora da situação, você agiria de forma diferente, se poderia ter dito o que desejava sem causar atritos, se não faltou um pouco de humildade para avaliar suas reações, se com um pouco de paciência não poderia ter evitado o rompimento ou, pelo menos, não teria que carregar o remorso a respeito de alguma falha de sua parte.

A segunda habilidade é o acolhimento para consigo. Não podendo voltar no passado, você só terá como trabalhar o perdão no presente, perdoando a você mesmo por não ter agido da melhor forma, compreendendo que os outros também erram e que uma relação não depende só de você. E mesmo que a outra parte tenha sido infeliz ou desonesta, cabe a você seguir sua vida e aceitar aquilo que não pode ser mudado do lado de fora.

É por isso que Jesus recomenda a rápida reconciliação com o inimigo, enquanto estamos caminhando com ele, para evitar que sejamos apresentados ao juiz e ao oficial e esses nos mandem para a prisão.

O adversário com o qual você mais necessita se conciliar em episódios de conflito nas relações é o seu próprio coração, o seu mundo emocional. Não havendo essa conciliação, o juiz tenebroso da cobrança que surge nas sombras do egoísmo pode entregá-lo ao oficial implacável da mágoa e encarcerá-lo na prisão mental da ofensa e da vingança.

A mágoa, sem dúvida, quando não aciona alertas e descobertas a seu respeito, transforma-se em ponte para o desequilíbrio e uma vida infeliz nos despenhadeiros da antipatia.

Frase terapêutica

Fechar-se na prisão da mágoa é decretar uma sentença contra você.

O sentimento que sustenta e alimenta
o malquerer chama-se mágoa."

Capítulo 15

Faça uma limpeza no lixo da mágoa

Na ecologia da natureza cada ocorrência tem sua função, visando o equilíbrio. A chuva rega, o ozônio protege, o Sol vitaliza, os predadores equilibram um sistema que poderia ser devastado, insetos polinizam visando a continuidade das espécies. Da mesma forma, a vida emocional é um sistema com todos os ingredientes para resgatar, manter e dilatar as expressões da consciência.

Todos os sentimentos na ecologia emocional têm funções corretivas visando o equilíbrio interior. A frustração, o ódio, a inveja, o orgulho e aqueles sentimentos que culturalmente foram rotulados como sendo ruins, só são tóxicos quando você não sabe quais são suas funções luminosas dentro do seu coração e na sua vida mental. Falta educação emocional para orientar esse processo de conscientização.

A mágoa, por exemplo, tem duas principais funções na vida emocional e psíquica. A primeira função é revelar algo sobre você que está difícil de aceitar. E a revelação mais comum é sobre como você sempre idealiza as pessoas, esperando demais delas ou sobre como você idealiza o mundo e suas leis. Esse é o aprendizado mais comum para quem se magoa: diminuir as expectativas que se mantém em níveis muito altos, principalmente em relação ao ofensor.

Outro aprendizado a seu respeito, que também pode ser revelado com a dor da mágoa, é que você não consegue dizer não quando é necessário, aumentando os riscos de manipulação e abuso em seus relacionamentos.

A ofensa é algo que dói muito. Seria insensato pensar que ela não serve para nada. Essa dor é um alerta na vida emocional, chamando você a repensar sua vida, sua forma de olhar, de agir e suas expectativas, sobretudo, para com as pessoas que você tem afeto. Não existe mágoa entre pessoas que não são efetivamente importantes na sua vida.

A segunda função é desiludi-lo sobre o que você pensa a respeito de quem o ofendeu. A mágoa acontece para reciclar seu conceito sobre quem o magoou. Essa pessoa pode ser muito pior do que você imaginou ou, ao contrário, ela apenas não é quem você presumiu, e isso não significa que ela seja alguém ruim e que lhe queira mal, ela apenas não se encaixa no seu modelo fantasioso de julgamento. A mágoa, nesse caso, serve para você reavaliar sua concepção sobre amizades, parentesco e a convivência de forma geral.

Quem entende essas funções luminosas da mágoa vê a vida com mais realismo e deixa de fantasiar a família, os colegas, os amigos, os parentes e todos os seus relacionamentos. Ela só se transforma em dor e corrói o coração quando você não entende essa função e prefere escolher as idealizações que você tem do mundo e das pessoas de sua convivência, atolando-se na conduta enfermiça de cobrar, reclamar e até de se vingar, porque as pessoas e as coisas não são e não aconteceram dentro dos seus padrões de expectativa.

Se você for humilde e disposto a entender melhor a si mesmo, vai concluir que o problema da mágoa é seu e não do outro que você idealizou. E dessa forma vai extrair de si e do ofensor o que há de melhor, vivendo mais leve e sem amarras, curando sua prepotência de querer tudo a seu modo.

O melhor efeito desse comportamento corajoso é que a dor da mágoa se dilui instantaneamente quando você reconhece sua parcela sombria de ilusões na dor que está vivenciando. Isso é o verdadeiro ato de perdoar. É você que se liberta ao examinar quais portas abriu em sua própria vida emotiva para que alguém tivesse o poder de ofendê-lo.

Limpe seu coração. Livre-se do peso das más recordações e do ressentimento que consome suas energias. É você quem ganha ao perdoar. É você que melhora ao enxergar Deus por trás do véu das experiências dolorosas da vida. Limpe seu coração para enxergar a beleza que a vida quer lhe mostrar em relação ao futuro. Leveza emocional é abrir a porta para Deus e as energias do bem. Por isso Jesus nos aconselha a limpar o coração para sermos bem-aventurado e podermos ver o Deus que habita em nós.

Liberte-se! Perdão é algo bom para você e não uma decisão para com o outro. Perdão necessariamente não é com o outro. Perdão é algo a ser feito dentro de você, limpando o lixo que o outro depositou em seu coração, mas sempre consciente de que foi você quem permitiu que esse outro jogasse esse lixo onde não devia, abrindo as janelas sagradas de sua alma para quem não merecia tanta confiança e tanta disponibilidade de sua parte.

Frase terapêutica

Os piores inimigos não estão lá fora. Vivem dentro de você.

Não existe mágoa entre pessoas que não são efetivamente importantes na sua vida."

Capítulo 16

Não sofra porque seu cônjuge não é espírita

"Todo aquele, pois, que escuta estas minhas palavras e as pratica, assemelhá-lo-ei ao homem prudente, que edificou a sua casa sobre a rocha."

Mateus 7:24

Dedicada companheira das frentes de serviço no Espiritismo endereçou-nos a seguinte pergunta: "Em minha família, somente o meu marido não é espírita. É um homem bom, mas não tem religião e eu sofro com isso. Meu sonho é que ele se torne espírita. O que eu faço?".

Talvez você, minha amiga, tenha que analisar com profundidade a causa do seu sofrimento. Se ele é um homem bom, por qual razão deveria se converter a alguma religião? Quais as garantias de que seu sonho seja também o sonho dele? Para que desejar que as pessoas amadas pensem ou façam o que você acredita ser o melhor para elas, só porque é bom para você?

Se ele não é espírita, mas é bom marido, agradeça e aceite sua decisão de não cultuar nenhuma religião. Cada um se liga a Deus a seu modo.

Estar em uma religião, não garante, necessariamente, melhoria nem avanço. Aliás, é bem comum encontrar alguns devotos de práticas religiosas com lamentáveis atitudes nos relacionamentos diários. São dedicados à religião e não são bons pais, bons maridos, bons profissionais ou bons cidadãos.

Conceitos, preconceitos, ilusões. Experiências pertinentes à cultura que foi disseminada nas sociedades nos últimos milênios.

Seu desejo é nobre quando se mantém na esfera do respeito e do acolhimento incondicional. Atitudes como propor o caminho espírita, dialogar sobre os benefícios da doutrina em sua alma, apresentar sua transformação e seu crescimento moral e valorizar seu marido como ele é podem criar um clima muito mais harmonioso e de bons resultados no despertamento do interesse dele para com o Espiritismo. Todavia, sofrer porque ele não faz essa escolha é indício de interesse pessoal. A sua tristeza é um convite da alma para uma adaptação que necessita ser realizada no seu campo íntimo.

Jesus diz que todos os que escutam as Suas palavras e as praticam são considerados homens prudentes que edificaram suas casas sobre a rocha.

Uma relação de amor é construção sobre a rocha sólida da convivência fraterna e alegre. Nela, não há espaço para a tristeza ou o engano de nutrir sonhos de mudança abrupta. Se você tem o ideal espírita em sua vida, alinhe sua visão com o pensamento reencarnacionista, que pode dilatar seu entendimento para que você olhe seu marido como um espírito no estágio que lhe é próprio e como um companheiro de caminhada. O que mais importa é a solidez da rocha do afeto compartilhado, do carinho e da bondade no cumprimento dos deveres diários.

Não existe religião mais essencial que a conduta honesta e a alegria nos acontecimentos comuns da vida a dois. Seja prudente e edifique sua casa de sonhos sobre a rocha sólida da realidade, tomando por base que cada criatura é uma individualidade com necessidades diferentes e interesses diversos.

Se você está sofrendo porque alguém que você ama não é do jeito que você gostaria, certamente você também está precisando de ajuda. Ajuda para entender o que é amar e para entender muita coisa na sua vida interior a respeito do amor aplicado. Pense nisso!

São apenas algumas reflexões. Não as tome como uma orientação e muito menos como uma resposta definitiva às suas angústias e anseios.

Frase terapêutica

As pessoas são como são. O fato de amá-las não significa que elas tenham de se adaptar ao que você espera delas.

❝ Uma relação de amor é construção sobre a rocha sólida da convivência fraterna e alegre."

Capítulo 17

Deixe cair as escamas da revolta

"E logo lhe caíram dos olhos como que umas escamas, e recuperou a vista; e, levantando-se, foi batizado."

Atos 9:18

Revolta é um sentimento que faz parte do grupo das emoções mobilizadoras que, na ecologia emocional, são as emoções cujas finalidades luminosas são: agir, entrar em atividade, realizar e criar alternativas sadias diante daquilo que não se concretiza conforme sua vontade ou intenção. Em outras palavras, ela serve para motivar a busca de soluções, quando as coisas na vida não acontecem como você necessita ou deseja.

Muitas vezes, quando surpreendido pelo desgosto ou por algum dissabor, você reage com revolta, como uma manifestação da contrariedade e da insatisfação. Por não saber triturar e digerir os episódios geradores de tribulação e dor há uma perturbação emocional que o leva a caminhos interiores muito dolorosos.

A revolta é uma das expressões da mágoa que sustenta a raiva embutida diante das situações e que, se não for tratada, pode prolongar-se por uma vida inteira em um sentimento de fixação tóxica e desgastante. Nesse clima, sua personalidade tende a produzir estados de mau humor, teimosia, irritação, ansiedade, secura afetiva e até sexual, que repercutem violentamente no corpo físico e nos corpos mais sutis.

No corpo físico, uma das regiões propensas a sofrer os efeitos dessa energia destrutiva é a região da garganta, que sofre com doenças respiratórias, causando, na maioria das vezes, uma sensação de sufocamento. No campo psíquico, a revolta é, sem dúvida, um dos caminhos para a depressão e doenças afins.

Em muitos casos, a revolta é uma dificuldade que se tem para assumir uma raiva contra si mesmo, por não ter feito boas escolhas, não ter acertado o quanto gostaria ou não ter planejado os caminhos mais apropriados para suas metas e sonhos.

A função luminosa das emoções mobilizadoras não é aprisioná-lo internamente em suas vivências emocionais com toda essa dor, mas, sim, tomar atitudes na vida prática, investir em comportamentos que o ajudem a construir uma nova maneira de ver sua vida, seu passado e a si próprio. A revolta é um pedido de revisão de conceitos, de interesses, costumes e, sobretudo, de atitudes. E essa mudança libertadora chama-se perdão. Perdoar, sobretudo, você mesmo, reconhecendo sua parcela de responsabilidade nos seus dissabores e desgostos, e tocar sua vida para frente. Se você se soltar dessas amarras de seu passado e de sua forma de ver as coisas, sua vida será bem melhor.

Saulo perseguia Jesus supondo servir de forma leal à verdade e à justiça. Seus conceitos eram de uma lei aplicada nas multidões por meio de ações repressoras de fora para dentro. Cego, diante da visão resplandecente do Mestre nas portas de Damasco, ele se submete à ajuda de Ananias, que lhe impõe as mãos sobre os olhos. Nessa hora, ele sente que escamas caem dos seus olhos e recupera a visão.

A partir desse episódio, Ananias aparece muitas vezes no caminho de Paulo para promover a revisão de sua forma de enxergar os fatos e as pessoas e para ajudá-lo a construir outra forma de ver a vida.

Na prolongada perseguição de Saulo aos seguidores de Jesus e Sua mensagem, encontramos uma reflexão muito oportuna sobre a sua rebeldia em aceitar a boa nova da mensagem cristã. A revolta expressa a ausência da aceitação ao contexto natural da vida, é uma venda escura que você coloca no modo de entender a existência e suas expressões, é conflitar com a realidade em função de uma forma radical e egoística de olhar a sua existência. Essas atitudes são grossas escamas que impedem uma visão superior e renovadora.

Mude seu foco e você verá que a revolta quer apenas lhe mostrar um novo caminho, porque nem sempre as coisas precisam ser de seu jeito.

Frase terapêutica

Tempos ruins também passam. Tudo pode mudar, dependendo do seu olhar.

A revolta é um dos caminhos para a depressão e doenças afins."

Capítulo 18

Use a fé para trabalhar a inconformação

"Tocou, então, os olhos deles, dizendo:
Seja-vos feito segundo a vossa fé."

Mateus 9:29

A fé abre os olhos para a luz do otimismo. A inconformação fecha-os no clima da tristeza.

A fé alimenta a esperança. A inconformação multiplica a energia do derrotismo.

A fé impulsiona o avanço. A inconformação aprisiona os talentos.

A fé cria movimentos na direção do destino. A inconformação altera a rota no rumo da desorientação.

A fé aprimora o raciocínio. A inconformação o confunde.

A fé realiza. A inconformação desanima.

A fé é o fio condutor da vida. A inconformação é o clima mental a caminho da morte.

A fé desabrocha a melhor parte de si mesmo. A inconformação estimula a sombra interior.

A fé é sentimento que alivia a dor. A inconformação é a incubadora da aflição e da angústia.

A fé é uma atitude de sabedoria. A inconformação é a expressão da revolta.

Veja a transformação que o toque de Jesus lhe proporciona quando Ele diz que tudo seja feito segundo a sua fé. Com um olhar otimista e tocado pela brandura do amor, sua fé se expande e sua vida multiplica as bênçãos de paz e harmonia, e nesse clima você encontra Deus e a sua própria luz. E, sob o manto protetor da gratidão e da bondade, você conseguirá superar toda a revolta que sente com os dissabores e frustrações da vida.

Entre cultivar a fé que exige humildade ou manter-se na postura egoística da inconformação, você será chamado a escolher em qual atitude prefere estagiar para que a vida lhe ofereça o clima emocional, conforme o seu merecimento e a sua fé.

É compreensível que as provas da vida tentem lhe subtrair a força da alegria, entretanto, optar pela inconformação é algo semelhante a carregar pesadas correntes, que impedem decisivamente suas asas espirituais da inteligência e do sentimento de voarem em busca da solução e da liberdade.

Frase terapêutica

Há uma lição urgente que você necessita aprender quando suas relações provocam dor.

Capítulo 19

Faça uma reflexão sobre honrar pai e mãe

"(...) honra a teu pai e a tua mãe."

Marcos 10:19

O homem está de casamento marcado. Sente-se desvinculado e infeliz com relação à pessoa com quem vai casar. Quando indagado por que não cancela o compromisso, responde: "Não quero decepcionar os meus pais e os convidados".

É isso que muitas pessoas têm feito de suas vidas: escolhido e planejado sua existência conforme os interesses, gostos e opiniões de familiares e amigos, relegando para último plano seus desejos e sentimentos mais sagrados. Alegando honrar seus pais e ter respeito para com familiares e amigos, muitas pessoas pisoteiam necessidades e interesses pessoais em nome do amor. Um amor que lhes custa muita dor e desgaste.

Suas decisões fundamentais são questões muito íntimas e intransferíveis. Opiniões, tradições e valores que pertencem aos outros, em tais contextos, podem não servir para você.

Quando suas escolhas e sentimentos são negados, podem favorecer a origem de muita perturbação e doença. A sanidade e o equilíbrio dependem essencialmente da responsabilidade pessoal sobre o que você sente e faz.

Sem dúvida, esse é um dos mais preocupantes temas a ser vencido quando o assunto é felicidade. Quando você tenta agradar a todos ou fazer as coisas com base no que os outros vão dizer ou pensar, não permite fluir o direito de viver tão feliz quanto merece, de acordo com as leis do universo.

Coragem! Assuma as rédeas de sua vida e responda pelos efeitos de suas decisões. Não existem escolhas sem perdas e desafios. É uma ilusão omitir-se de tomar atitudes supondo que há um jeito certo de fazer acontecer e que esse jeito não trará sofrimento e aprendizado.

Se você ainda acredita que amar e honrar pai e mãe é ser quem eles gostariam que você fosse, cuidado, fique vigilante. A negação dos seus propósitos luminosos e de suas intenções costuma ser a origem da maioria das carências, das depressões e da vida sem alegria. O nome dessa doença é autoabandono.

Amar e honrar pai e mãe é agradecer sempre a eles por tudo o que fizeram, porém, reservando o direito de conquistar sua autonomia e deixar claro aos dois, com muito amor, que você será quem você quer ser e não quem eles esperam que você seja. Amar não é somente ser obediente por obrigação moral com os pais ou não decepcionar os amigos e familiares perante as expectativas que nutrem a seu respeito. Amar é, sobretudo, provar que você também pode responder por suas escolhas, pelo que faz ou deixa de fazer e pelo que diz, ainda que não concordem com o seu direito de definir os rumos daquilo que compete, exclusivamente, a você e mais ninguém.

Frase terapêutica

Apenas siga seu caminho. Liberte-se da ânsia improdutiva de agradar a todos e faça o seu melhor.

Capítulo 20

O amor pode mudar seu carma

"Mas, sobretudo, tende ardente amor uns para com os outros; porque o amor cobrirá a multidão de pecados, ..."

I Pedro 4:8

Uma noção pesada e sacrificial do significado da palavra carma tomou conta dos costumes ocidentais. Entre outros fatores, a influência na construção de uma visão sustentada pela cultura religiosa predominante adicionou o conceito de dor e pecado a esse princípio integrante dos hábitos mais antigos do Oriente. O conceito de carma passou a ter o sentido de sofrimento como moeda para pagar dívidas de outras vidas.

Essa cultura trouxe como efeito um comportamento passivo, um entendimento distorcido de uma preciosa virtude: a resignação. Nessa ótica, resignação é sinônimo de passividade diante dos nossos problemas e dificuldades, como se eles tivessem sido previamente planejados e de nada adiantasse tentar mudar esse projeto feito antes do renascimento carnal.

Talvez, por uma questão de medo e acomodação, você prefira dizer que suas dores são carmas do passado pelas quais tem de passar, do que se dar ao trabalho de acionar a coragem e o ânimo para encontrar soluções e sair de suas dificuldades. Transformar o sofrimento em algo útil e educativo, realmente é bem mais trabalhoso!

A conduta mais adotada é a de suportar as dores, aguentando situações e relacionamentos e se prendendo a sentimentos e atitudes no campo da convivência que o perturbam e dilaceram. Devido a essa postura, o ciclo cármico que poderia ter sido concluído é prolongado, impedindo a abertura de novas etapas de aprendizado. A proposta de cumprir o carma não é a de abaixar a cabeça e aguentar, mas reagir e encontrar as saídas sadias e criativas dos problemas e das más experiências.

Passar uma vida inteira simplesmente aquentando relacionamentos em favor da família, do casamento ou de outro tipo de convivência, pode acarretar sérios problemas espirituais para você. A proposta do carma não é a de suportar, sofrer, pagar, mas a de educar.

Carma é aprendizado que retorna em forma de dificuldade e prova para habilitar e ampliar a bagagem espiritual e emocional. Acomodar-se e apenas sofrer os impactos das dores, sem buscar as alternativas de aprimoramento dos vínculos afetivos, é sofrer sem obter capacitação, é sentir dor sem aprender e se educar com ela. Essas experiências de passividade, a pretexto de resignação diante das lutas, têm levado muitos seres queridos ao desencarne em condições íntimas de doença e infelicidade, mágoa e insatisfação, causando muita perturbação no mundo espiritual. E quando reencarnam novamente, levam consigo os mesmos problemas para resolver, pois o carma ainda não está superado, o ciclo não foi fechado.

Carma não se fecha com dor, e sim com aprendizado, com atitude renovada.

As etapas cármicas são concluídas quando você aprende o que a dor e os desafios da vida têm para ensinar-lhe. Isso significa girar a roda da vida, avançar em percepção sobre algo que o aflige e atormenta.

A interpretação da palavra carma, associada à ideia de se estar condenado a uma dor sem saída, tem causado confusão e angústia. Carma é você estar "condenado" a agir para vencer a roda da vida. O conceito de condenação atribuído no Ocidente é incoerente com a lei de amor que propõe a expansão do bem.

Pedro, em sua primeira carta, recomenda que tenhamos profundo amor uns para com os outros, porque só o amor pode reparar nossas faltas. O amor é a única moeda de reparação perante nossa própria consciência, é a única força capaz de fazer se cumprir o seu carma, porque nem sempre sofrer é o caminho da libertação. Mas se você ama, ilumina-se e se solta das velhas amarras do ego e da ilusão, aproximando-se de sua divindade.

Estamos, sim, condenados a passar por algumas experiências nem sempre agradáveis. O nome disso, à luz dos princípios espíritas, é planejamento reencarnatório, cujo objetivo é delinear vivências que vão promover o avanço e a desilusão de seu espírito por meio de provas e expiações. A vida, porém, não quer castigá-lo, mas educá-lo. E educar pode ser compreendido como lapidar o coração para que o seu diamante do amor possa reluzir e expressar a claridade do bem em sintonia com o Pai. O objetivo não é você passar uma existência inteira nesse planejamento repleto de testes e aferições. O objetivo é que você alce voos morais e espirituais cada vez mais altos.

Se você pensa que tem de passar por algo ruim e acredita que isso não pode ser mudado, provavelmente está em uma zona de conforto enganosa. As etapas cármicas, para serem vencidas realmente, exigem de você inteligência, disposição sincera de aprender, boa vontade, coragem, determinação, trabalho e muita renúncia.

Quando você pensa em carma como algo que precisa acontecer, mas do qual pode se libertar, o tema ganha um bom-senso incomparável.

Essa, aliás, é a única determinação aceitável diante do raciocínio lógico que se leva a construir uma visão misericordiosa de Deus e de Suas sábias leis. Em outras palavras, as dores e os problemas da existência só acontecem para que se aprenda como sair deles. E, saindo deles, você será transportado a um novo mundo de vivências e sentimentos na aquisição da sabedoria.

Ninguém, em são juízo, deve buscar a dor intencionalmente, todavia, quando ela chegar, é muito bom saber que traz junto um recado de Deus, que pode ser assim traduzido:

"Filho, eu lhe entrego essa dor apenas para que olhe no espelho da vida e perceba o quanto é preciso aprender acerca daquilo que ela veio ensinar-lhe, diante de suas próprias escolhas e necessidades. Aprenda o quanto antes como superar essa dor e concluir o seu carma. Busque sempre o amor, que cobre uma multidão de pecados".

Frase terapêutica

Carma não tem nada a ver com pagar por algo ruim, e sim com construir algo de bom dentro de você. Carma não significa sofrimento, significa aprendizado.

Capítulo 21

Construa um novo olhar sobre a vida

"E Jesus, parando, chamou-os e disse: Que quereis que vos faça? Disseram-lhe eles: Senhor, que os nossos olhos sejam abertos."

Mateus 20:32-33

As oportunidades que a vida oferece para resolver os problemas pessoais surgem sempre para todos. Entretanto, por acomodação ou orgulho, muitos preferem esperar as mudanças exteriores, na esperança ilusória de que isso mudará as questões de natureza interior a serem resolvidas e aprimoradas. Inegavelmente, a realização nos campos da vida emocional é bem mais exigente e, por esse motivo, a ilusão procura o menor esforço.

Ressurge a oportunidade do perdão, mas você prefere a condição da vítima que foi lesada. Fazendo-se de vítima, você acredita na maldade dos outros.

Aparece uma ocasião para você provar a paciência e, a pretexto de sinceridade, você escolhe a agressividade. Optando pela agressividade, você envenena seu próprio coração.

Chega o convite para o aprimoramento e você abona sua recusa com cansaço. Alegando cansaço, você espera caminhos ilusórios de facilidade.

Você é chamado a servir e foge para os braços da preguiça, alegando falta de tempo. Entregando-se à preguiça, entorpece-se com o conceito falso da sorte a respeito de suas realizações.

As interpretações que você escolhe para a sua vida o distanciam das bênçãos divinas no seu caminho. Um olhar atento capta detalhes. Uma desatenção adia a chance de conquistas fundamentais à sua paz. As oportunidades surgem e você as deixa passar? De quem se queixar depois, nos instantes de prova e dor?

Quando Jesus pergunta aos cegos o que eles queriam que Ele fizesse, eles responderam objetivamente: "Que os nossos olhos sejam abertos". A vida é rica de bênçãos, mas a cegueira espiritual é capaz de vendar os olhos com espessas camadas de ignorância e fuga a respeito de sua parcela de responsabilidade na mudança desejada. Transferir essa responsabilidade aos outros é menos penoso que reconhecer suas necessidades.

Desejar melhora interior esperando que os fatos e as pessoas mudem é o mesmo que aguardar de um canteiro sem adubo e sem semente que ele ofereça frutos.

Abrir os olhos sob o influxo da misericórdia celeste é o pedido que deve partir de sua alma sincera. Você deve enxergar com nitidez suas necessidades individuais, únicas e intransferíveis.

Toda colheita solicita a plantação.

Todo efeito desejado pede o movimento e a ação na direção correta dos objetivos.

Frase terapêutica

Agora pode ser o melhor momento de sua vida. Tudo vai depender de como você olha os acontecimentos.

Capítulo 22

Faça luz em seu caminho antes de qualquer decisão

"Mas, se andar de noite, tropeça, porque nele não há luz."

João 11:10

Nos instantes de dúvida e tormenta, forma-se o quadro da noite interior. É o momento de parada e reflexão.

As decisões tomadas em clima emocional alterado podem atrair o remorso e a dor.

Na escuridão mental, o tropeço é quase inevitável.

Acenda a luz benfeitora da oração ou do diálogo que apazigua, antes de qualquer decisão sob o influxo da desordem nos seus pensamentos e emoções.

Nas trevas do desespero esconde-se a atitude irrefletida.

Na escuridão da irritação brota o charco da violência.

Na negrura da tristeza encontram-se os poços da amargura.

Nos abismos do ódio aninham-se as víboras da maldade intencional.

Na cegueira da mágoa ocultam-se as fantasias da vingança.

Na noite da insegurança encobertam-se os impulsos sombrios da ansiedade destruidora.

Busque a ajuda na luz quando você estiver nas noites emocionais da desarmonia interior, para que as suas decisões e escolhas não sejam as piores.

Jesus o alerta para não andar à noite, pois o tropeço acontece porque não há luz. O tropeço é o efeito natural de quem tenta caminhar sem condições.

Força, coragem e desejo de melhora não compactuam com precipitação e imprudência. Agir sob o impulso do descontrole é atear gasolina no intuito de apagar um incêndio.

Amanhã, aguardando com paciência e atenção, o quadro pode ser outro. Talvez você tenha mesmo que escolher e agir para que a luz se faça em meio à escuridão, mas se fizer isso com uma tocha de luz, será muito mais proveitoso.

Uma reação impensada é capaz de levar você ao tropeço da insanidade em querer resolver problemas graves em apenas alguns minutos.

Faça luz em seu caminho antes de qualquer decisão, se você realmente deseja a libertação.

Frase terapêutica

Mergulhe em sua mente. Faça contato com sua riqueza interior. Usufrua do seu poder pessoal.

Capítulo 23

Ser forte não significa vencer todas as batalhas

"Portanto, aquele que se tornar humilde como esta criança, esse é o maior no Reino dos céus."

Mateus 18:4

Quando você sentir que não está dando conta de suas provas pessoais, examine atentamente quais são seus limites de força e discernimento.

Seu esforço de manter uma máscara de coragem e superioridade, quando você já não suporta mais o peso das provações, pode levá-lo aos sombrios caminhos do estresse, do desânimo e do derrotismo.

Ser forte não significa vencer todas as batalhas. Ser fraco não significa perder uma batalha.

Nos assuntos da alma, a referência de valor é o esforço pessoal em oferecer o seu melhor e não fugir aos desafios que a vida lhe entrega.

Fique atento porque, em muitas situações, é preciso adicionar recursos que possam ampliar sua capacidade para continuar em busca da superação dos obstáculos.

Reconheça suas possibilidades diante das pressões externas e compartilhe com humildade a sua angústia e o seu desespero com quem possa abrandar a sua tormenta interior.

Se você abrir seu coração pedindo amparo e orientação, descobrirá um arco-íris de alternativas após a tempestade devastadora das provas.

Humildade não é você ser alguém apagado, tímido e omisso. Humildade é quando você tem noção de seu real tamanho espiritual, nem mais, nem menos. A humildade alivia porque evita os excessos.

Os humildes não vivem para passar uma imagem de força e nem se preocupam em reconhecer publicamente suas limitações. São conscientes do que podem e do que não podem fazer, reconhecem até onde conseguem chegar e a hora certa de parar.

Esse reconhecimento de limites não é sinal de que você necessita se afastar do que o espera, mas buscar apoio, socorro e luz, a fim de melhor aproveitar o aprendizado.

Quando Jesus lhe propõe ser humilde como uma criança, para ser o maior no Reino dos Céus, Ele ressalta a força da simplicidade. A criança foi o exemplo utilizado para designar esse espírito de abertura do foco mental porque ela, na sua humildade, procura o que a pode levar ao caminho desejado, recuando ou avançando espontaneamente, conforme suas aptidões, sem se apegar a noções mentirosas a respeito de si mesma, ao contrário de quem, muitas vezes, pretende convencer os outros sobre sua força, grandeza ou importância.

Os humildes que assumem seus reais limites podem muito mais.

Frase terapêutica

O objetivo da dor é chamar a atenção para algo que precisamos rever e reciclar dentro de nós.

Capítulo 24

Relações sadias necessitam de responsabilidade e não de controle

"Mas aniquilou-se a si mesmo, tomando a forma de servo, fazendo-se semelhante aos homens;"

Filipenses 2:7

Você está gastando uma imensa energia controlando situações e pessoas na tentativa de evitar problemas?

Esse caminho costuma ser a origem de muitas dores emocionais e quadros de depressão. Vistoriar traz bons resultados como mecanismo de produtividade nas atividades diárias que exijam acompanhamento e continuidade, mas com pessoas nem sempre atinge os objetivos esperados.

A tentativa de dirigir os filhos, o cônjuge, os colegas e amigos e até os vizinhos, para supervisionar atitudes e comportamentos, é algo ilusório. Ninguém controla ninguém e quem se esforça para conseguir estabelecer esse clima de vigilância sutil estraga a relação incentivando a falsidade, a mágoa, a tensão da vigília e a falta de alegria na convivência.

Relações sadias necessitam de responsabilidade em cada função ou papel assumido e desempenhado com zelo e atenção. Não havendo essa responsabilidade, outras estratégias podem surtir melhor efeito do que ficar fiscalizando a vida das pessoas.

O caminho mais realista para um melhor êxito é você se preparar para desenvolver uma percepção mais inteligente e rica de crenças a respeito de todos os problemas que surgem à sua volta. Nisso reside a chance de você enfrentar a vida com paz e esperança, mesmo que o mundo esteja caindo à sua volta.

Há uma grande diferença entre lidar bem com os problemas ou solucioná-los por meio de controle. Se você realmente quer mudar o rumo das suas experiências nesse assunto, coloque em sua mente, como ponto fundamental, o fato de que você é responsável exclusivamente por você, que não é proprietário de ninguém e muito menos capaz de mudar os outros. Você pode ajudá-los a mudar, mas, só se eles quiserem.

Quem acredita que o domínio sobre as pessoas é uma expressão saudável de poder, vai encontrar pela frente muito desgaste, mágoa e problemas desnecessários.

O poder que liberta é aquele que se baseia em autoridade moral. Esse poder tem os ingredientes para inspirar, sacudir estruturas e ser fonte de energia transformadora de quem for por ele influenciado. É a ascendência moral que não negocia com o medo e tem postura. É a influência que se posiciona com firmeza diante das irresponsabilidades dos outros, retirando facilidades, adotando comportamentos corajosos e levando essas pessoas a sentirem que elas também perdem se não cumprem com suas responsabilidades.

Se você deseja um relacionamento curativo com as pessoas que ama, renuncie à compulsão do controle. O mecanismo que permite relações mais maduras e libertadoras só vem por meio da educação emocional, para você ser quem você é e aprender a cuidar amorosamente de si. Invista nisso!

Quem não está bem consigo, tenta comandar todo mundo e se submete ao jogo de manipulação das pessoas com muita facilidade.

Ninguém precisa de sua supervisão para ter poder e resolver seus problemas. As pessoas precisam de consciência. Consciência é poder para encontrar dentro de si todas as soluções para todos os problemas da existência.

Foi isso que Jesus fez quando esvaziou-se a si mesmo, tornando-se servo de todos e semelhante a cada um que cruzava seu caminho. Jesus fez-se humilde e assim permitiu um relacionamento pessoal com todos. Ele, na condição de servo, exerceu o poder com os outros e abdicou do poder sobre os outros. Quem tenta dominar, tenta ter poder. Quem ama verdadeiramente, tem poder com os outros, influencia positivamente as pessoas, sabe valorizar o que elas têm de melhor e mantém-se firme como referência inspiradora. Eis a força propulsora da autoridade moral.

Ser controlador é um indício claro de alguém que não sabe usar seus valores pessoais e sua força interior. O oposto disso é, como diz o versículo, "aniquilar-se a si mesmo", ou seja, abrir mão da superioridade do seu saber, impor respeito pela autenticidade, saber tratar com carinho as limitações alheias. Essas são as atitudes de quem utiliza sua força moral para modelar e despertar a luz em seu caminho de aprendizado.

Frase terapêutica

Fazer tudo para quem você ama não é uma prova de amor, mas de domínio e medo de perder.

Se você deseja um relacionamento curativo com as pessoas que ama, renuncie à compulsão do controle."

Capítulo 25

Carência: não entregue o volante de sua vida para ninguém

"Bem-aventurados vós, que agora tendes fome, porque sereis fartos. Bem-aventurados vós, que agora chorais, porque haveis de rir."

Lucas 6:21

Para estudar a carência, você pode comparar sua vida com a utilização de um automóvel.

Você recebe uma vida para gerenciar e se tornar uma pessoa melhor. Uma vida para dirigir na estrada do aprimoramento e na construção da estima pessoal.

Na carência, você confia o volante de sua vida para outras pessoas. Quando faz isso, percebe que essas pessoas nem sempre seguirão na direção correta da estrada de sua individualidade, não se guiarão pelo mapa de suas necessidades e interesses. Farão desvios, atalhos e poderão usar a contramão ou causar acidentes, decepcionando a quem deveria estar no volante e zelando pelo próprio destino.

Por que será que o carente faz isso?

Porque ele acredita que as outras pessoas podem fazer por ele o que ele tem de fazer por si próprio, e também porque ele não confia no próprio comando achando-se incapaz de conduzir sua vida na direção certa e com a segurança necessária. O carente não acredita em si.

Analisemos como Jesus aborda a carência por meio de suas palavras: "Bem-aventurados vós, que agora tendes fome, porque sereis fartos". É compreensível esse estado de fome afetiva e espiritual do carente, pois essa carência é um efeito rebote do egoísmo milenar. O egoísta juntou tudo para si, supondo que seria saciado e que a fartura o preencheria, porém, o tempo mostrou exatamente o contrário. O egoísmo trouxe um vazio, a carência. E hoje, padecendo a fome de amor e de acolhimento, o carente é alguém que, por não sentir sua própria divindade, busca arrumar tudo para os outros. Saiu do extremo do "somente para si" e se deslocou para o extremo do "o outro é tudo para mim".

Ao agir assim, você transfere suas responsabilidades e, quando os motoristas a quem confiou o volante de sua vida saem do trajeto e se distanciam de seu roteiro e necessidades pessoais, você reclama, fazendo-se de vítima da vida. Fica magoado com as pessoas a quem delegou confiança e quando vê sua vida danificada e fora do curso de sua felicidade, tenta culpá-los por isso.

Então, assuma o volante de sua vida. Não delegue essa tarefa a ninguém e prossiga sua jornada. Somente depois de um tempo, quando mais maduro e consciente de seu roteiro, escolha quem você quer por perto, com quem você pode compartilhar alguma responsabilidade, guardando sempre a certeza de que ninguém poderá guiar suas experiências pela vida inteira. Esse é o caminho mais sensato para que haja a bem-aventurança de se sentir farto, repleto das alegrias que advirão de sua postura de amor e responsabilidade com o caminho que é só seu.

Frase terapêutica

O carente é uma pessoa com um "buraco" no peito, que acredita que outra pessoa poderá preenchê-lo.

Capítulo 26

Perceba a diferença entre frustração e sensação de fracasso

"E ele, atirando para o templo as moedas de prata, retirou-se e foi-se enforcar."

Mateus 27:5

Quando sua vida está patinando e não sai do lugar, você tem uma sensação de fracasso e há certa tendência em culpar as pessoas, os contextos e a má sorte pelo que acontece a você.

Todavia, ninguém pode responder pela sua vida além de você. Essa sensação de fracasso é uma advertência emocional que diz: "Suas escolhas não foram as mais adequadas, seu empenho não foi totalmente eficaz, você precisa recomeçar, sua referência de esforço foi insuficiente."

A frustração acontece quando você esperava uma realização que não aconteceu. Se você não toma cuidado com seus sentimentos, a frustração invade sua vida mental e abre a porta para a entrada de sua irmã gêmea, a sensação de fracasso.

A frustração dói, mas motiva novas buscas. A sensação de fracasso pode travar sua vida.

A frustração é uma emoção positiva e mostra que é em você que a coisa anda ou desanda. Já o fracasso é algo mais sério e de efeitos mais nocivos.

A frustração pode se transformar em impulso motivador. O fracasso é uma avaliação injusta, um juízo inibidor e de censura, um atestado de menos valia.

O limite entre frustração e sensação de fracasso é tênue. É uma questão de crença, posição mental e escolha.

A frustração diz: "Não foi desta vez, recomece e ache o caminho". O fracasso sentencia: "Você não é capaz."

O evangelista Mateus destaca o quanto o fracasso é perigoso, quando narra que Judas atirou de volta no templo as moedas de prata que recebeu pela traição a Jesus e depois se retirou, enforcando-se. Frustrado com a decisão dos príncipes dos sacerdotes de condenarem Jesus, sentiu-se desestruturado. A morte de Jesus não fazia parte de suas expectativas. Ele O amava. Subjugado por impiedosa dor consciencial, caiu nas garras da sensação de fracasso e se matou. Judas atravessou a ponte do remorso que une frustração e fracasso.

Acolha sua frustração, transforme-a em arrependimento produtivo. Ela pode ajudá-lo muito no recomeço em direção às suas metas.

Frase terapêutica

Você está se tornando uma pessoa muito melhor a cada dia, mas quem não lhe quer bem, provavelmente, vai manter sempre a mesma opinião negativa a seu respeito.

Capítulo 27

Faça da inveja uma ótima companheira para o seu progresso

"Bem-aventurados os limpos de coração, porque eles verão a Deus,"

Mateus 5:8

São muitas as pessoas que se consideram horríveis e até más só por sentirem inveja de alguém. Uns sentem vergonha porque o brilho do outro lhe causa humilhação. Outros sentem culpa porque gostam das pessoas que invejam e se percebem desconfortáveis diante do sucesso delas.

A inveja tem por função educativa colocar você em comparação com alguém. Isso não é algo ruim porque essa função da inveja visa mostrar que aquilo que lhe causa inveja é sinal de vida de uma qualidade ou de um talento seu que está adormecido e você não percebe. A pior consequência dessa comparação é você fechar os olhos para os seus próprios valores e só enxergá-los nos outros.

O triunfo alheio que mexe com seu íntimo, é um aviso de seu coração dizendo: "Você tem essa qualidade também!", "Você ficaria muito bem fazendo algo parecido com isso!", "Você pode chegar até onde ele chegou!", "Você também pode conquistar algo semelhante!".

Invejar significa que você tem algo tão bom quanto o que inveja em alguém, ou que você pode fazer algo tão bem quanto o que o outro faz.

Converse com sua inveja. Ela pode machucar, mas quer o seu bem e quer você melhor do que está.

A inveja também serve para dizer que sua autoestima não está boa. É como se ela dissesse algo assim: "Não é o outro que é melhor, é você que não está se acolhendo e se querendo bem como merece!", "Você não está usando tudo o que você sabe e pode!", "Você não está reconhecendo seu valor!".

Quando a sua inveja aparecer, pergunte a ela: "O que eu posso fazer a respeito dessa situação para me sentir melhor?", "O que esse sentimento está querendo me mostrar a meu respeito através dessa pessoa?", "O que eu posso fazer ou ser que projetei em alguém?", "o que há de bom no outro que pode ser melhor em mim?", "o que preciso aprender sobre o que falta em mim?".

Não existem pessoas melhores ou piores. Existem pessoas diferentes. Quando você se ama, isso fica muito fácil de entender, e a inveja pode ajudá-lo muito nessa percepção.

A vergonha, o desconforto, a sensação de humilhação diante do brilho alheio só acontece porque você não descobriu sua verdadeira grandeza. Você ainda não trabalhou as fontes profundas do coração para limpá-las do sombrio tormento do desvalor pessoal. Por isso Jesus disse que os limpos de coração são bem-aventurados e verão a Deus. Se você se ama e compreende sua dimensão única e incomparável, pode até se sentir abalado diante do êxito e da luz que irradia dos outros, entretanto, verá a Deus mesmo nessa situação, porque saberá encontrar em si mesmo os divinos dons dos seus valores pessoais com os quais se sentirá gratificado e rico diante da vida.

Frase terapêutica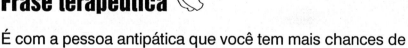

É com a pessoa antipática que você tem mais chances de aprender o que precisa para ser alguém melhor.

Capítulo 28

Se faltar a luz do amor-próprio, a sombra toma conta

"E ninguém, acendendo uma candeia, a põe em oculto, nem debaixo do alqueire, mas no velador, para que os que entram vejam a luz."

Lucas 11:33

"Não posso expandir meus horizontes, tenho que viver quieto, pois as coisas não estão fáceis.", "Não posso brilhar, isso é coisa de gente vaidosa.", "Não posso fazer o que quero, tenho que cativar as pessoas.", "Pessoas boas são humildes e aceitam tudo."

Eis algumas crenças que você está construindo na rota do autoabandono e da mágoa, caminhos emocionais que vão fazer de você uma pessoa apagada e infeliz. No entanto, muitos acreditam que essas formas de agir são comportamentos virtuosos.

Reveja seu conceito. Ninguém nasceu para ter sua luz própria apagada. Ao contrário, o mundo precisa dela. Faça-a brilhar. Isso não é vaidade, é amor, é a gratificante sensação de gostar de si mesmo.

Onde falta o autoamor a sombra incrementa a perturbação. É por isso que tem muita gente medindo força com o outro em disputas injustificáveis ou que se acha dono da verdade. Por essa razão alguns vivem para espezinhar as pessoas com maledicência e outros perdem o sono porque alguém tem mais do que ele.

Na ausência do amor-próprio, há quem se esconda na religião para ficar moralizando o mundo e as pessoas com discursos falsos; famílias que se atracam o tempo todo e relacionamentos confusos.

Os resultados prováveis do desamor vão surgir em seu caminho: perda de emprego por temperamento rude, vida afetiva travada, infelicidade, doenças diversas e relacionamentos lastimáveis.

Nas questões relativas à dignidade e estima pessoal, muita confusão tem surgido entre o que é amor a si próprio e as manifestações do ego. Se é amor, não vem do ego. Simples assim!

Quando Jesus recomenda que, ao acendermos uma candeia, não a deixemos oculta, mas no velador, é para que os que entrem vejam a luz. Ele ressalta a importância de acender a luz do amor com você, não para chamar a atenção dos outros, mas para que aqueles que entrem em sua vida vejam a sua luz e tenham inspiração e desejo sincero de cuidar de si mesmos.

O autoamor é algo contagiante e inspirador, porque, no clima de humildade verdadeira e de despretensão total, é possível você se mostrar como alguém que cuida valorosamente de si, transmitindo um clima de segurança, brandura e confiança, luzes eternas a brilhar, motivando outros a fazer o mesmo.

Frase terapêutica

Dê um abraço bem carinhoso em você e diga: "Eu me amo, eu me amo, não posso mais viver sem mim!".

Capítulo 29

A culpa por não conseguir mudar as pessoas que você ama é educativa

"Depois, tornou a pôr-lhe as mãos nos olhos, e ele, olhando firmemente, ficou restabelecido e já via ao longe e distintamente a todos."

Marcos, 8:25

Você pode cuidar, colaborar, apoiar e orientar as pessoas que ama, influenciando e inspirando em suas decisões, mas quando o assunto é mudança e melhoria, isso é individual, é uma escolha pessoal, é algo que vem do coração. Querer mudar os outros é uma das maiores ilusões das relações humanas e origem de muito sofrimento. Você pode participar das mudanças de quem ama, mas realizá-las não é de sua competência.

Se você sente culpa por não conseguir mudar alguém, fique sabendo que esse sentimento pode acontecer com uma finalidade educativa e não para que você se sinta um fracassado ou para que se encha de cobranças e punições sobre suas supostas falhas.

A culpa, na maioria desses casos, é para chamar a sua atenção a respeito da crença prepotente de que você tem que dar conta de resolver o que não lhe compete, mas sim ao outro, se ele quiser.

Você tem um limite de atuação na vida de quem você ama. Isso é da lei universal e divina. Não existe amor suficientemente capaz de mudar quem não queira ser mudado. Por mais que você o ame, a mudança é com ele. Mesmo o amor mais nobre só colabora com a transformação se o outro decidir que quer mudar.

Quando você ama alguém e essa pessoa não muda, fique claro que isso não tem relação com o fato do seu amor ser fraco ou insuficiente, e sim com a postura da pessoa ou talvez com as estratégias de ajuda adotadas por você.

Se você acha que pode e deve acabar com a dor de quem ama, sem que essa pessoa nada faça para também sair dessa situação, pode estar caminhando na direção do próprio desequilíbrio, carregando um peso insuportável e adotando uma postura inútil a ambos.

Faz parte das lições do amor o duro capítulo de entender que cada pessoa é responsável por si mesma e que amor nenhum será suficiente para redimir, fazer mudanças e reconduzir o outro ao caminho do bem e do progresso sem a decisão dele próprio. A única pessoa para a qual você conseguirá, seguramente, realizar algo transformador é você. Você só pode mudar você mesmo, essa é a lei nos códigos estabelecidos pelo nosso Pai Maior.

Na arte de amar, o que mais vai importar não é somente o seu sentimento, mas as estratégias de comportamento que você vai adotar diante das respostas que a pessoa amada estiver dando a você.

Só mesmo com uma educação emocional bem orientada e o processo terapêutico da desilusão de seu sentimentalismo é que você conseguirá melhores resultados na vida de relação. Peça ajuda! Sozinho tudo pode se arrastar por muito mais tempo do que precisaria para você aprender e sua dor pode ser maior.

O cego de Betsaida é um exemplo claro de uma relação de ajuda sadia realizada por Jesus que, tomando o cego pela mão, levou-o para fora da aldeia. Veja que o cego ofereceu a sua mão, partiu dele a decisão de enxergar e o apoio para que a ajuda se realizasse. E foi com isso que Jesus o tirou da aldeia de suas concepções pessoais, que não lhe permitiam uma visão mais dilatada da vida.

"Depois, tornou a pôr-lhe as mãos nos olhos, e ele, olhando firmemente, ficou restabelecido e já via ao longe e distintamente a todos." O processo da cura obedeceu a etapas bem definidas nessa passagem. A capacidade de ver distintamente a todos é o ponto culminante. Só se vê com essa distinção quem se compreende mesmo na sua individualidade. Só existe avanço no coração de quem você quer ajudar quando essa pessoa consegue se enxergar distintamente e se dispõe a fazer o trajeto de sua própria cura. Esteja sempre pronto a estender a sua mão, mas não ignore a parcela de participação que pertence ao outro.

Frase terapêutica

Ninguém consegue ajudar alguém que não quer ajuda.

Não existe amor suficientemente capaz de mudar quem não queira ser mudado."

Capítulo 30

Não existem mães perfeitas

"E ele lhes disse: Por que é que me procuráveis? Não sabeis que me convém tratar dos negócios de meu Pai?"

Lucas 2:49

Nessa etapa de transição no planeta Terra, até mesmo o conceito de mãe está em reciclagem, assim como tudo. Apoiar-se no que a cultura ensinou sobre elas e seu papel é construir uma casa sobre a areia. Nenhuma mãe é perfeita. Toda mãe, antes de tudo, é uma mulher com interesses, sonhos, valores, conflitos e imperfeições.

O sentimento de maternidade é uma conquista que leva a mulher a se tornar um exemplo de dedicação, sensibilidade e amor, mas mães são seres humanos em aprimoramento e, mesmo possuindo algo tão divino como o amor maternal, estão sujeitas às ciladas comuns da caminhada evolutiva e podem sucumbir aos apelos da manipulação, da cobrança, do domínio, do exagero no amor, da frieza afetiva, da mentira e da possessividade, vindo a se magoar e a se desequilibrar como qualquer outra pessoa.

Assim como existem exemplos notáveis do bem que o sentimento maternal pode criar, há também efeitos desastrosos dos comportamentos sentimentalistas que, em nome do amor, sufocam e deseducam.

Considere, por exemplo, os modelos que já começam a decair e que necessitam das mulheres muita atenção nas experiências dos dias atuais. Uma cultura ancestral preparou a sociedade para entender o papel das mães como sendo o de uma mulher totalmente disponível e servil ao grupo familiar. A história está repleta de fatos que comprovam o abuso de semelhante postura, transformando-as em servas do clã familiar, abolindo lamentavelmente seu papel de educadoras e colocando-as na condição de prisioneiras do lar. São mulheres que receberam heranças emocionais pesadas e desorientadoras, que propõem que as mães têm que dar conta de tudo e de mais um pouco.

O papel de mãe é uma dádiva sublime que pode conduzir à luz os espíritos abertos ao amor sob sua tutela; todavia, quando as mães se tornam reféns do perfeccionismo imposto pela cultura, podem conduzir suas relações de afeto para as trevas da culpa, do medo e da tristeza, adotando como defesa o controle implacável e as cobranças insensatas na família.

Quer cumprir bem sua missão como mãe? Reconheça que, como tudo na vida, isso exige uma revisão nos papéis sociais e emocionais, aprendizado, orientação e apoio. Coloque limites em suas aspirações emocionais no papel de mãe, faça-se humana, dispense as expectativas de parentes, amigos e familiares a seu respeito e seja apenas você.

Jesus, na relação com seus afetos, sempre deixou clara a importância da postura vigilante para que os sentimentos não se desviassem para os rumos da perturbação. Quando Ele tinha doze anos, seus pais O levaram para as comemorações da Páscoa em Jerusalém. Após aflitiva e prolongada procura, vão encontrá-Lo no templo com os sacerdotes. Ao ser questionado por eles porque havia sumido, Ele responde: "Por que é que me procuráveis? Não sabeis que me convém tratar dos negócios de meu Pai?".

Ele transborda os limites do papel de um filho comum, motivando sua mãe a perceber que Ele tinha compromissos individuais e intransferíveis.

Nessa lição do Evangelho está uma das indicações mais preciosas para que a missão maternal seja cumprida sob uma perspectiva de êxito e bom aproveitamento. O amor tem limites e o respeito à individualidade do filho revela-se como um dos principais aprendizados na área da educação familiar. Mesmo aqueles filhos turbulentos e insensíveis têm planos únicos e particulares na sua caminhada espiritual. Mães queridas tenham olhos de ver, penetrem o coração dos seus rebentos e procurem transcender os limites de suas expectativas pessoais.

Já dizia Khalil Gibran: "... vossos filhos não são vossos filhos..."[1]

Ser mãe é um grande aprendizado que exige postura, coragem e muito autoamor. Para você que é mãe, Deus abençoe sua tarefa!

Frase Terapêutica

Cuide de você e entenda que amar não significa se anular pelas pessoas que ama.

---

[1] Ver poema completo na página 284.

" O papel de mãe é uma dádiva sublime que pode conduzir à luz os espíritos abertos ao amor sob sua tutela."

Capítulo 31

A distância pode ser uma ótima estratégia em relacionamentos tóxicos

"E, vendo que se fatigavam a remar, porque o vento lhes era contrário, perto da quarta vigília da noite, aproximou-se deles, andando sobre o mar, e queria passar adiante deles, mas, quando eles o viram andar sobre o mar, pensaram que era um fantasma e deram grandes gritos."

Marcos 6:48-49

Quando os relacionamentos são intoxicados pelos sentimentos venenosos de inveja, ciúme, reprovação e raiva, passa a existir na convivência um processo energético de vampirismo de forças. São relações desgastantes, conflituosas, recheadas de antipatia e desrespeito, que acabam por sufocar o amor e a bondade. Sendo assim, mesmo quando as pessoas que se relacionam estão distantes, uma pode sugar a energia da outra, em função dos laços astrais que as unem.

Algumas pessoas se submetem a esses relacionamentos por pura carência e necessidade imprescindível de serem amadas. Outros aceitam esse peso emocional porque as pessoas envolvidas são parentes ou familiares e, por isso, em seu conceito, são obrigadas a suportar sua aspereza e leviandade.

A verdade é que as relações humanas, em sua maioria, estão sendo construídas em alicerces neuróticos, com base no interesse pessoal e em função de ganhos secundários que mantêm as pessoas "unidas" em climas nem sempre amistosos, mas dizendo que se amam.

Para esses relacionamentos serem aprimorados será necessário e oportuno certo tempo de distância, que pode ser física ou emocional, ou ambas, para alguns casos.

A distância emocional exige mais trabalho e esforço do que estar apenas longe fisicamente de alguém. A prova disso é que você pode até se afastar, mas sofrerá a dor emocional dos impactos que essa convivência deixou nas fibras profundas de sua sensibilidade em forma de mágoa, remorso, revolta, inquietude e infelicidade. Esses sentimentos criam laços energéticos sólidos, intensos e de grande poder de influência na saúde, nos pensamentos e na sua vida, de uma forma geral.

O remédio da distância, quando for possível, não é uma solução, mas esteja convicto de que haverá situações em que só mesmo essa atitude poderá colocar certos laços afetivos envenenados na incubadora da desintoxicação. Somente após esse saneamento será viável avaliar se você deseja ou não manter esse vínculo ou, ainda, avaliar a melhor maneira de encaminhá-lo para uma continuidade mais prazerosa e educativa no futuro.

Para alguns, distanciar-se pode parecer uma atitude de desamor, porém, o fato de você ter de deixar de conviver com algumas pessoas que fazem parte de sua vida, não significa que tenha de odiá-las. A distância é suficiente e é saudável quando você se propõe a construir um estado de saúde interior e uma libertação das prisões emocionais. O segredo é aprender a querer bem a essas pessoas, porque distanciar-se não é abandonar, desistir, ignorar, querer mal ou ser indiferente.

No episódio da tempestade no mar de Betsaida, Jesus viu que os discípulos "se fatigavam a remar, porque o vento lhes era contrário" e, mesmo assim, deixou-os com a experiência fatigante, observando, mantendo a distância saudável para que eles procurassem o esforço próprio. Como Ele estava em terra firme "perto da quarta vigília da noite aproximou-se deles, andando sobre o mar, e queria passar-lhes adiante". Ao verem Jesus andar sobre as águas, eles "cuidaram que era um fantasma, e deram grandes gritos". Nas relações humanas é sempre de forma inusitada que alguém pode reagir à sua particularidade, ao seu jeito de ser. Uns gritarão como os discípulos, outros o amarão, outros, ainda, o segregarão no preconceito.

Distância é estratégia com fins bem definidos. O amor para com algumas pessoas solicita esse limite por um tempo ou, quem sabe, por muito tempo. Chegará a hora de se aproximar; entretanto, fique atento às suas expectativas, para não se surpreender com as reações alheias.

Acreditar que, para amar, você tem que carregar nas costas os abusos e a indolência alheia em relacionamentos venenosos e sem sentido, que não lhe disponibilizam uma única porta para a concórdia e o entendimento, pode levá--lo à enfermidade. O peso energético do desrespeito do outro vai lhe custar dores emocionais e físicas, acentuadamente as lombares e cervicais. Não carregue ninguém nas costas.

A oportunidade de viver o amor com proximidade aplica--se a poucas pessoas em sua vida. Acostume-se com essa receita infalível, recomendada pela maturidade humana.

Frase terapêutica

Foque sua atenção nas pessoas que se importam com você, é delas que você mais precisa.

" As relações humanas estão sendo construídas em alicerces neuróticos."

Capítulo 32

Comportamentos que afastam você da lei do amor

"O meu mandamento é este: Que vos ameis uns aos outros, assim como eu vos amei."

João 15:12

O que pode afastar você da lei de amor? Seguem alguns apontamentos para reflexão.

- Exigir de você condutas e sentimentos que ainda não suporta, apenas para passar uma imagem irreal de si mesmo aos outros.

- Nutrir a ilusão de que pode mudar as pessoas mais próximas do seu círculo de afetos.

- Sentir-se responsável pelas escolhas daqueles que você ama.

- Usar a carência para justificar atos infelizes na sua convivência humana.

- Considerar as pessoas que não pensam como você como antipáticas ou até como adversárias.

- Acreditar que veio a este mundo para sofrer e que a felicidade não é algo para quem está reencarnado.

- Desistir de perseverar na busca de suas metas diante dos primeiros golpes da decepção.

- Acreditar que a sua felicidade depende exclusivamente de alguém além de você mesmo.

- Estabelecer uma conexão, nos seus relacionamentos, entre amor e sacrifício, disponibilidade servil e ausência de frustração.

- Comportar-se na vida para agradar a todas as pessoas, como se isso fosse lhe trazer reconhecimento, retribuição e afeto.

- Ter dificuldade em dizer não.

- Experimentar constantes mágoas por causa de suas expectativas muito elevadas na convivência.

- Manter relações tóxicas para não perder alguns ganhos secundários.

- Sofrer porque você gostaria que as pessoas sentissem o mesmo que você, mas elas não sentem.

- Confundir carma com planejamento reencarnatório, suportando relacionamentos destrutivos.

- Acreditar que alguém pode viver na vida física sem obsessão.

- Transferir a responsabilidade dos seus comportamentos e sentimentos para causas que não se justificam e são fruto de juízos ilusórios ou místicos.

- Desrespeitar seus próprios limites, implementando rigidez em sua conduta.

- Ter sempre um julgamento na ponta da língua para qualquer pessoa.

- Valorizar a opinião de quem não conhece os detalhes de suas lutas pessoais.

- Adotar hábitos que o apresentem como vítima ou pessoa boazinha.

- Não colocar limites nos relacionamentos, permitindo invasões e abusos.

- Alegar que os problemas graves com o corpo existem em função de influências espirituais.

- Perder seu equilíbrio porque alguém que você ama não está bem.

Ao nos recomendar "Que vos ameis uns aos outros, assim como eu vos amei.", Jesus destaca que nos amarmos uns aos outros é a maior e mais exigente lição no aprimoramento de nossa alma.

Refletindo sobre os comportamentos que o afastam do legítimo amor, seu coração vai sentir a necessidade de encontrar soluções que se ajustem ao seu modo de viver com os outros e com você mesmo.

Frase terapêutica

Peça demissão do cargo de Deus. Pare de tentar controlar tudo e todos.

> Sua felicidade depende, exclusivamente, de você!"

Capítulo 33

Comportamentos que aproximam você da lei do amor

"Aquele que ama a seu irmão está na luz, e nele não há escândalo."

I João 2:10

Quando você se encontra centrado em suas necessidades e qualidades mais profundas, está identificado com sua luz pessoal e encontra-se em sintonia com seu Deus interior. Essa conexão luminosa irradia-se no comportamento e fortalece ainda mais seus sentimentos no bem e na melhor parte da vida e das pessoas.

Listamos abaixo algumas condutas sadias e motivadoras da bênção de harmonizar sua condição interior, colocando-o mais próximo da lei do amor.

- Aceitar a realidade dos acontecimentos e das pessoas, evitando o esforço improdutivo de querer mudar o que não está ao seu alcance.

- Desapegar-se do hábito de querer atender e agradar a todos, gastando excessiva energia em manter sua imagem de bondade.

- Começar a substituir a programação mental "eu devo" pela programação "eu quero", tornando seu caminho mais leve.

- Acreditar na competência das pessoas que ama e desligar-se das preocupações em relação a elas.

- Alimentar o estado mental de confiança nos acontecimentos que envolvem seus afetos, abstraindo-se da compulsão de fiscalizar suas vidas.

- Empenhar-se com mais devoção às atitudes que levem aos seus sonhos.

- Apreciar com mais atenção as conquistas dos seus amigos e entes queridos.

- Desenvolver o estímulo à cooperação com pequenas e grandes obras.

- Dar um bom-dia com carinho e emitir um sorriso com alegria.

Ao dizer que "Aquele que ama a seu irmão está na luz, e nele não há escândalo.", Jesus ressalta que por meio do amor você se afasta das condições inferiores do escândalo interno, geradas por orgulho e egoísmo. Ao amar seu irmão, você atrai luz, canaliza bênçãos ao seu caminho e aproxima-se da lei do amor.

Corações em paz com sua alma adoram destacar valores nos outros, são pacíficos e não constroem problemas para si mesmos nos relacionamentos. Fazem o melhor que podem para estabelecer laços duradouros e que garantam a gratificação de serem vividos.

Quem se aproxima da lei do amor, gosta com mais intensidade de estar com pessoas, sorrir, conversar e dar a elas um ótimo tratamento.

Frase terapêutica

Puxe as melhores energias da vida para você. Como? Trate bem as pessoas. Faça isso por você, se achar que alguém não merece.

Capítulo 34

Em relacionamentos saudáveis você encontra espaço para ser quem você é

"Seja, porém, o vosso falar: Sim, sim; não, não, porque o que passa disso é de procedência maligna."

Mateus 5:37

Relacionamento tóxico é aquele em que o abuso, o desrespeito e a manipulação tomaram conta. Nele existe o amor com a maior certeza, pois onde não há afeto, não haverá também a menor possibilidade dessa toxicidade. Entretanto, esse amor está sufocado debaixo de muitos escombros, como se a relação tivesse passado por um terremoto destrutivo depois de algum tempo.

Um dos fatores mais presentes nessas relações é a ausência de limites. Isso acontece porque você não aprendeu a se proteger, a dizer não, a falar de forma construtiva o que pensa sobre quem ama e também porque se coloca muito disponível na convivência, tornando-se servil. Onde esses fatores persistirem nos relacionamentos, aumentarão as chances de mágoa, traição, conflitos, acomodação e desajustes diversos, que asfixiam e causam muito sofrimento.

Seja você mesmo em seus relacionamentos e estabeleça espaço para você na relação. Diga o que quer e o que não quer. Deixe de fazer o que compete ao outro fazer. Pare de carregar a relação nas costas, pois isso provoca opressão vibratória e muscular na coluna, além de outras dores.

Se você não sabe como fazer isso, comece tomando duas atitudes: pare de esperar a mudança das pessoas e busque tratamento para aprender a valorizar-se.

Nos relacionamentos que educam e libertam, você cresce, amadure e floresce, expressando suas qualidades e obtendo a oportunidade de aprimorar suas imperfeições. Neles, você encontra espaço para ser quem é, com tudo de bom e de ruim que pertence à sua individualidade, a fim de deixar florir o que há de melhor em você à luz do amor cada vez maior.

Fale, mas, fale como Jesus recomenda: "Seja, porém, o vosso falar: Sim, sim; não, não,". Tenha posicionamento. Essa é a única garantia de sua proteção e dos seus laços afetivos. O que passa disso, para mais ou para menos, é de procedência maligna, frágil e de resultados duvidosos.

Alguns exageram para mais e dizem um sim autoritário e um não arrogante, estimulando a aversão e o repúdio. Outros se abrigam na omissão e dizem sim querendo dizer não, ou dizem não tomados pelo sentimento de culpa.

Falar é comunicar-se, saber se colocar dentro da convivência, sem receio das respostas do ambiente e sempre aberto a rever suas concepções e atitudes.

Quem se posiciona terá uma sadia e farta colheita a fazer, quando o assunto é conviver.

Frase terapêutica

Nas mãos dos outros está apenas uma pequena parcela de sua felicidade.

Capítulo 35

Cumpra seu carma primeiro com você

"Bom é o sal, mas, se o sal se tornar insípido, com que o temperareis? Tende sal em vós mesmos e paz, uns com os outros."

Marcos 9:50

Os sofrimentos da vida são maiores quando você se culpa e não se oferece um tratamento de bondade, porque dessa atitude nasce um sentimento corrosivo de desvalor pessoal.

Quando você não se valoriza, desenvolve um sentimento profundo de mal-estar e tende a desejar que mudanças aconteçam do lado de fora e não dentro de si. Espera que tudo e todos mudem para que se sinta melhor. Enxerga o problema alheio, menos o seu. É assim que acontece com quem se deprime na baixa autoestima e na escassez de amor-próprio.

Isso é tão grave que muitas vezes você chama de carma a persistente tarefa de transformar aqueles que ama, invertendo a ordem natural dos processos de melhoria e crescimento. Ao invés de fazer sua mudança, é bem mais cômodo querer que os outros mudem. Carma, portanto, passou a significar resgate de dívidas com o outro ou sofrer pela mudança dele. Chega a ser uma noção inconsequente essa ilusão de querer mudar as outras pessoas. É o mesmo que transferir responsabilidades para você que se organizam em formas de programas mentais, tais como "vim para salvar esse filho", "estou aqui para mudar a cabeça de alguém", "minha missão é reencaminhar esse elo afetivo", "meu planejamento é passar por essa dor ao lado dessa criatura", e outras tantas que traduzem compromissos exteriores que, na maioria das vezes, apenas o distraem para o compromisso mais importante de sua existência, que é a sua mudança pessoal.

Quando você aprende a se aceitar e a se perdoar, em contrapartida da menos valia na estima pessoal, você se acolhe no ritmo da compaixão. Essa energia muda toda a sua forma de ver a vida, as pessoas e os problemas.

Se você vive na contrapartida da menos valia no campo da estima pessoal, busque a aceitação e o perdão para si mesmo, pois nesse aprendizado você consegue mudar sua percepção de tudo ao seu redor. Nessa ótica, o carma não é com o outro e sim com aquilo que você precisa aprender e resolver dentro de você, na convivência com filhos, cônjuges, colegas, vizinhos e todos os outros relacionamentos.

Você tem alguma relação que está lhe causando peso e desgaste? Pense bem nisso e analise se não está querendo coisas impossíveis em nome do amor. Com relação ao outro, embora possa colaborar com o crescimento, você pode muito pouco. Com relação a si mesmo, você pode tudo.

Se você é alguém que diz "essa relação está acabando comigo", certamente está carregando nas costas o que não precisa e que não lhe faz bem. Sem dúvida, boa parcela de sua dor é voluntária e originada de sua falta de habilidade em adotar comportamentos que eduquem suas relações. É bem provável que você esteja ainda acometido da doença de achar que pode mudar o outro – e usando as estratégias mais impróprias para isso.

Não existem relacionamentos sem funções educativas. Você pode ser valoroso no crescimento alheio, mas não consegue cooperar com quem não quer mudança e avanço, nem consegue resultados úteis e eficazes se não promove sua própria melhora.

Seu carma tem a ver com você e não com os outros. Descubra o que você tem a aprender com quem passa pela sua vida.

Seu carma é com você e com ninguém mais.

Surpreendente a abordagem de Jesus, quando nos compara ao sal, que deve ter sabor, não ser insípido, para dar tempero à sua vida e à dos outros. E liga essa qualidade do sal à paz. Use à vontade o tempero que há em você para dar equilíbrio e sabor à sua existência. Em relação aos outros, construa relações de paz que serão as portas de entrada para tudo aquilo que a vida reserva ao seu carma e àquilo que você renasceu para aprender.

Entretanto, reflita na pergunta: "se o sal se tornar insípido, com que o temperareis?" Se você acreditar mesmo que veio para mudar alguém e se esquecer de sua renovação, qual será o tempero que sua consciência usará nos recessos da vida imortal?

Frase terapêutica

Quem acha que pode mudar alguém e faz disso um compromisso em sua vida, está precisando de muita ajuda.

> Quando você aprende a se aceitar e a se perdoar, você se acolhe no ritmo da compaixão."

Capítulo 36

Ninguém precisa abandonar a família para exercer o autoamor

"E, quando o viram, maravilharam-se, e disse-lhe sua mãe: Filho, por que fizeste assim para conosco? Eis que teu pai e eu, ansiosos, te procurávamos."

Lucas 2:48

Ninguém precisa abandonar a família para aplicar o autoamor, mas precisa abandonar o que a família espera de você ou o que você espera da família, para não correr o risco de entrar na manipulação afetiva.

Manipulação afetiva é o que mais tem desgastado o verdadeiro amor. Família é tudo de melhor quando há amor que preenche e não amor que cobra, restringe e sufoca.

Pessoas que são escravas de expectativas da família se deprimem e sofrem as terríveis dores da angústia. O nome disso é mágoa.

Mágoa por não conseguir ser quem suas famílias desejariam que elas fossem ou pelo fato de as pessoas amadas não serem como elas gostariam, ou por alguém não demonstrar afeto e reconhecimento, ou pelas censuras e críticas. Mágoa com elas e também com os outros.

É muito sutil essa emoção. A ofensa costuma manifestar-se com pensamentos de raiva e desvalor a quem não lhe quer bem. A mente costuma fazer uma novela com essa pessoa, com enredos pesados de aversão e desforra.

Para se libertar disso só há um caminho: aceitar que esses aprendizados fazem parte da vida. Olhe para você e perceba quantas pessoas você também não gosta. É a arte de respeitar as diferenças sem criar divergências, de conviver com diferentes sem amar menos.

Aceitar que existem relacionamentos familiares que não vão fluir, mas que em tempo algum você está impedido de desenvolver os melhores sentimentos por essas pessoas e nem de cuidar de seu caminho pessoal.

Cuidado com a exigência sobre o que você acha que os outros devem sentir a seu respeito, isso é arrogância. Somente tendo essa atenção você pode ser mais livre.

Maria, na citação acima, apresenta-se com o sentimento típico do acolhimento maternal. Jesus estava sumido e ela se desesperou. "Por que fizeste assim para conosco?", pergunta natural da mãe zelosa e comprometida com seus deveres. Jesus, porém, aos doze anos, respondeu-lhe: "Por que é que me procuráveis? Não sabeis que me convém tratar dos negócios de meu Pai?".[1]

O Mestre tinha compromissos de ordem pessoal com Sua missão celeste e você, assim como cada pessoa no planeta, tem seu mapa individual na direção da perfeição. Cuidar de si próprio, construir uma relação de amor com você vai criar experiências e limites que são só seus. Mesmo com tantos laços afetivos com seus familiares, você tem "negócios" com a sua consciência que pertencem exclusivamente a você e a mais ninguém.

Não abandone sua família para exercer o autoamor, abandone a doença das suas expectativas para com eles e as deles para com você.

Tenha sua rota pessoal e imponha-se nos relacionamentos. Lute por seus sonhos, realize seus desejos, execute seus planos, avance na direção de seu querer e das suas mais legítimas aspirações.

O amor só floresce onde existe aceitação, apoio e acolhimento.

---

[1] Lucas 2:49.

Frase terapêutica

Pare de idealizar as pessoas que você ama. Elas são o que são, e não o que você gostaria que fossem.

Cuidado com a exigência sobre o que você acha que os outros devem sentir a seu respeito, isso é arrogância."

Capítulo 37

Amar os diferentes tem estágios que você deve respeitar

"E Jesus, tendo ressuscitado na manhã do primeiro dia da semana, apareceu primeiramente a Maria Madalena, da qual tinha expulsado sete demônios."

Marcos 16:9

Diferenças. Nada mais elementar, essencial e em sintonia com a lei do amor. Aceitar as diferenças um dia vai acabar com todos os comportamentos que só servem para julgar.

Rótulos como rico, pobre, negro, homoafetivo, deficiente, gordo, ignorante, velho, ateu e tantos outros cederão lugar à palavra: diferentes. São apenas diferentes, são apenas diferenças.

Surge uma pergunta inevitável na conexão amor e diferenças. Como amar a todos?

A cultura e a história construíram um modelo de educação baseado na ideia de que amor pode ser vivido de uma maneira uniforme que garanta um mesmo nível de afetuosidade e bondade. E quando você não consegue isso, sente-se indigno, desconectado da sociedade, com um coração despreparado para viver em grupo. Acha que o problema é com você e que você é uma pessoa má.

Umas das revisões mais necessárias e realistas para se obter a saúde psíquica e emocional nas lições do amor, é você entender que amar todas as pessoas não significa ter um mesmo modo de se relacionar ou de se sentir com todas elas. Por incrível que pareça, com algumas pessoas, as relações precisam de distância, com outras de proximidade, ainda com alguns amadurecimentos, e são vários os quesitos para que o amor se expresse com mais amplitude. Por isso mesmo, reveja sua crença e aceite que amar não é sinônimo de ter um relacionamento simpático, afetuoso, otimista, confiante e bom para com todos.

Existem estágios de amor em cada relacionamento, dependendo de diversos componentes que unem dois ou mais indivíduos, tais como momento pessoal de experiências emocionais, afinidades, identidade psíquica, características morais, química fisiológica, elos espirituais, interesses, necessidades, aspirações, crenças, similaridades de vivências traumáticas, nível intelectual, enfim, são muitos os ingredientes que fazem uma relação ser mais ou menos fluente ou travada.

Já observou como alguns laços afetivos não se dinamizam? Nada progride, ao contrário, parece que com algumas pessoas o relacionamento tem um poder enfermiço de se complicar, mesmo que você deseje o melhor e elas também. São as diferenças típicas criando no relacionamento o impacto da natureza que lhes é própria.

Aceite que algumas relações não vão se encaixar em seus conceitos de amor, tanto para seu próprio bem quanto para o bem dos outros. Você pode ter um bom sentimento por elas, mesmo longe e sem que esse relacionamento progrida. Aprenda isso e relaxe. Não cobre de você e dos outros uma convivência que simplesmente é impossível por agora. São etapas, ciclos.

Somos semelhantes, mas bem diversos. A beleza do ato de amar está em aceitar isso e ter no coração o melhor sentimento possível pelos diferentes e suas diferenças, lembrando que em cada contexto da vida sua tarefa é fazer apenas o melhor possível, nada mais. É o que você dá conta e o que mais vai se ajustar para o bem de todos.

Jesus, em um exemplo de amor sem distinção, escolheu uma mulher pecadora para anunciar sua volta: "apareceu primeiramente a Maria Madalena, da qual tinha expulsado sete demônios". Aquela mulher se tornou a mensageira da imortalidade para a Terra. Ele, o Cristo, tem olhar para a luz que reside em cada ser vivente. Com essa e várias atitudes do Nazareno, a humanidade foi iluminada com as lições de amor ao próximo.

Ame a todos, mas saiba que o amor tem estágios no respeito, no entendimento, no silêncio, no distanciamento, na boa palavra, na atenção, no incentivo, no apoio, na oração e em várias dimensões da atitude humana. Ame como você consegue. Apenas como é possível para você amar, respeitando seu próprio estágio de aprendizado.

Frase terapêutica

Não deixe suas diferenças limitarem você. Diferenças não são defeitos.

"Algumas relações não vão se encaixar em seu conceito de amor."

Capítulo 38

Aceitação, o segredo de uma vida mais leve e saudável

"E, se ninguém vos receber, nem escutar as vossas palavras, saindo daquela casa ou cidade, sacudi o pó dos vossos pés."

Mateus 10:14

A implicância, o desrespeito, a indiferença, a crítica, o deboche e as atitudes afins em relação ao jeito de ser do outro podem perturbar e prejudicar você.

Quando você não consegue lidar bem com a diferença inerente ao outro, puxa e carrega uma parte enorme desse conflito para dentro de você em forma de energias. Isso não quer dizer que você tenha de concordar ou gostar do que ele faz ou do seu jeito de ser. Apenas aceitar.

A aceitação é uma atitude interior de respeito ao outro. É não criar uma resistência emocional porque é nessa resistência que se encontra o ponto de conexão entre sua atitude e o sombrio do outro. É você quem mais colhe os benefícios dessa atitude de aceitar. Sua vida fica mais suave, sua saúde energética mais preservada e sua conexão com a força de Deus muito mais ampliada.

Uma das grandes vantagens de alimentar o respeito pelas pessoas, em geral, é ter um coração livre para sentir algo luminoso e libertador em relação a elas, e não algo que prende e sobrecarrega.

No entanto, para quem não tem esse respeito no coração, as diferenças serão vistas e sentidas como algo a ser anulado no outro. Isso gera desgaste, dissabor e mal-estar. É carregar o pó energético do que pertence ao outro. Estudemos as orientações de Jesus: "E, se ninguém vos receber, nem escutar as vossas palavras, saindo daquela casa ou cidade, sacudi o pó dos vossos pés". Se ninguém escutá-lo, acolhê-lo, respeitá-lo ou recebê-lo com o bem, não resista, aceite.

A aceitação é como sacudir o excesso, o que não lhe pertence, aquilo que você não precisa e nem deveria carregar. O que não parte de você não acrescenta nada nem lhe faz bem. Sacuda esse pó das tormentas alheias e compreenda a diversidade e o quanto cada criatura tem um caminho próprio, assim como você tem o seu.

Frase terapêutica

Falar que respeita as diferenças é uma coisa. Sentir respeito pelos diferentes e suas diferenças, é outra.

Capítulo 39

Desenvolva sua opinião e saia da prisão coletiva

"E saiu Jesus e os seus discípulos para as aldeias de Cesaréia de Filipe; e, no caminho, perguntou aos seus discípulos, dizendo: Quem dizem os homens que eu sou?"

Marcos 8:27

O fato de muitas pessoas terem a mesma opinião sobre alguém não significa, necessariamente, que essa pessoa seja o que dizem. Ao se apoiar na ideia do que todos dizem dela, você corre um risco enorme de fazer um juízo precipitado e irreal.

Aliás, nesse assunto, o que vale é você ter a sua opinião, nascida de sua reflexão, e que seja focada sempre nos aspectos positivos de alguém. Isso vai ser bom para você mesmo, porque fixar-se no sombrio dos outros é carregar a pior parte deles na sua própria mente, acarretando danos energéticos e orgânicos a você mesmo.

É muito fácil desacreditar, escolher a pior parte. Essa é a marca do impulso coletivo. Ter um juízo pessoal exige mais trabalho, mais carinho, mais atenção e mais sobriedade. Na verdade, poucos estão querendo ter esse trabalho na convivência humana, o que é um sinal marcante de reduzida maturidade emocional.

Com isso, você está perdendo a oportunidade de sair da prisão coletiva das opiniões e ser um pouco mais você mesmo naquilo que pensa e acredita. Ao destacar o pior dos outros, é você quem fica mal. Ao contrário disso, enxergar uma luz onde todos enxergam perturbação, é uma conquista apreciável.

O que você pensa sobre uma pessoa ou aquilo que lhe disseram sobre ela pode, com a maior certeza, representar uma pequenina parcela daquilo que realmente ela é. Mesmo quando se convive de forma mais intensa com uma pessoa, ainda assim seu limite continua sendo algo muito expressivo para entendê-la integralmente. Ninguém tem essa capacidade, embora muitos supõem possuí-la.

Você jamais conhecerá uma larga parcela da personalidade do outro. É aquela parte que poderá surpreendê-lo com boas ações ou com mágoas lamentáveis. É por meio das reações às coisas que são capazes de surpreendê-lo e sobre as quais não há como interferir, que se torna possível examinar qual o seu grau de amor com quem supõe conhecer.

É nessa parcela ignorada que pode brotar o amor verdadeiro. Amor que é expresso em gratidão pelo bem que a pessoa lhe faz ou amor pelo perdão que ela necessitará de você. É nessa parte desconhecida que os relacionamentos amadurecem e se tornam duradouros ou, na ausência dela, que os mais promissores relacionamentos terminam em dor e tristeza.

Jesus, portador de uma consciência lúcida, utilizou dessa avaliação com os discípulos, perguntando: "Quem dizem os homens que eu sou?" Queria saber o que pensavam sobre quem Ele era. Com base nas respostas, identificou profundamente as características daqueles com os quais dialogava naquele momento. Com uma noção muito consciente de Si mesmo, examinava a personalidade dos discípulos pelo que pensavam a Seu respeito.

Quanto mais você tem uma opinião sólida sobre si, reduzem-se as chances de que as opiniões alheias o afetem ou prejudiquem. Igualmente, isso chega a tal ponto que sua opinião sobre os outros será cada vez mais assertiva, luminosa e libertadora.

Frase terapêutica

Quem o ama verdadeiramente também vai criticá-lo e corrigi-lo, mas sempre colocando-o para cima, apoiando, incentivando e até oferecendo-lhe alternativas de solução.

Capítulo 40

A solidão só existe para quem se autoabandona

"E, despedida a multidão, subiu ao monte para orar à parte. E, chegada já a tarde, estava ali só."

Mateus 14:23

Não culpe ninguém pela sua solidão, pois ela é assunto pessoal e não da responsabilidade dos outros. É um capítulo triste da doença do autoabandono. Solidão não é a falta de alguém ao seu lado. Solidão é a falta que você sente de si mesmo.

Quando você necessita estar rodeado de pessoas o tempo todo e se sente muito mal quando está só, isso pode estar acontecendo porque você ainda não é uma boa companhia para si mesmo.

Quando você se ama e gosta de estar com você, as atividades rotineiras se tornam extremamente preenchedoras. Cozinhar, ver um bom filme, ler um livro, realizar uma atividade física, pois quaisquer tarefas ficam prazerosas e gratificantes quando se está de bem internamente.

Procure o exercício do autoamor, invista em estar sozinho ocasionalmente. Combine com quem você ama fazer uma viagem ou passar um final de semana sozinho, para dar-se esse tempo para um encontro com você. Tenha também um compromisso diário e interminável com a pessoa mais importante de sua vida: você! Seja seu melhor amigo, tenha seu espaço, cuide-se. Ser uma boa companhia para você mesmo é apenas um dos infinitos caminhos do autoamor. Estar sozinho é muito diferente de estar solitário.

Jesus, foi sozinho na subida ao calvário, mas não solitário. Estava em um momento individual, consciencial, onde as opiniões e influências alheias tinham pouco alcance. Verônica, com uma toalha, secou-lhe o suor do rosto, e

Simão Cirineu carregou a cruz por alguns metros. No mais, foram ataques e agressões. Quem cresce espiritual e emocionalmente sofre a pressão da ignorância proveniente do sombrio dos outros, é muito cobrado. Isso faz parte do aprendizado e do amadurecimento.

"E, chegada já a tarde, estava ali só". Jesus buscou estar sozinho para ter contato com o Pai. No seu recolhimento, ampliou forças e iluminou-se para cumprir Sua missão. E, em oração, realizou movimentos sagrados de reconexão com Sua individualidade.

A longa caminhada de melhoria espiritual é marcada pela presença da solidão. Naturalmente, quem assume o compromisso de aprimoramento da alma sentirá necessidade de ter etapas de isolamento temporário nos relacionamentos, de estar consigo e se entender.

Estar sozinho é necessário para resgatar o contato com sua essência. Depois desse tempo, você será impulsionado a resgatar sua sociabilidade novamente, mas com outros objetivos, bem diversos dos anteriores à sua melhora pessoal, com fins de completude e afeto, e não de controle e carência.

Ouse conquistar sua própria companhia em um tempo que é só seu. A solidão é uma mensagem da alma que diz: volte-se para se cuidar e se amar. Essa lição é individual e intransferível.

Frase terapêutica

A saudade de si mesmo é um sentimento que tem maltratado muita gente.

Capítulo 41

Estratégias para lidar com os problemas de quem você ama

"E, respondendo Simão, disse-lhe: Mestre, havendo trabalhado toda a noite, nada apanhamos; mas, porque mandas, lançarei a rede. E, fazendo assim, colheram uma grande quantidade de peixes, e rompia-se-lhes a rede."

Lucas 5:5 e 6

Você está profundamente triste com os problemas de alguém que você ama? Isso é compreensível e dói muito, mas tem um propósito divino. Toda dor é um convite a aprender algo novo.

Ajudar as pessoas que você ama é uma arte, um desafio, uma nova lição na escola da vida. Nem sempre o que você acredita ser o melhor para eles corresponde às necessidades de melhoria e aprimoramento adequados à realidade deles. Já é tão difícil saber o que é o melhor para você, imagine para os outros!

O conceito de amor, aliás, está pedindo uma redefinição social e relacional. Muitas ilusões culturais tomam conta desse conceito e são verdadeiros desvios na caminhada espiritual.

Amar não é pular de cabeça nas experiências de quem você ama e tirá-los de lá, supondo ser isso o melhor em favor deles. Amar é jogar uma corda ou colocar uma escada no "buraco" das vivências alheias e pedir que eles subam. Subir é com eles, é de responsabilidade pessoal.

O amor, para ser amor de verdade, inclui a educação de quem você ama, inclui o despertamento daquelas potências latentes no íntimo dos seus elos afetivos.

Vejamos o aprendizado de Simão, quando diz que "havendo trabalhado toda a noite, nada apanhamos; mas, sobre a tua palavra, lançarei a rede". A noite era uma escolha estratégica para pescar, e não deu bons resultados mesmo com toda sua capacidade de hábil pescador. Trabalho à noite, na noite de suas concepções arraigadas que não trouxeram nenhum benefício. Ele nada pescou, era preciso mudar a estratégia. Sob a palavra de Jesus, ele se lançou à nova forma de agir e colheu ótimos resultados.

Quando você estiver triste diante dos problemas de quem ama, mude as estratégias. Supere a noite das concepções e atitudes que já não estão servindo aos seus ideais. Primeiro pense: "Eu não posso morrer por dentro, eu tenho a minha vida para cuidar, eu respondo apenas por mim. Vou ficar de pé, inteiro e totalmente disponível para receber da vida aquilo que acredito ser o melhor e que mereço. Eu quero estar em sintonia com a força poderosa do amor em mim mesmo".

Após repetir essa fala com alma e convicção, sua energia terá subido vários níveis quânticos. Estando nesse nível de amor interior, seja o que for que você tenha de fazer na sua relação com essa pessoa e pelo bem dela, terá melhor alcance e mais probabilidade de refletir a luz da harmonia e obter ótimas respostas.

O amor é um sentimento que requer comportamentos apropriados para que sua força possa alcançar o máximo de suas condições transformadoras.

Frase terapêutica

Amar não é afundar-se junto com quem não quer melhorar.

Capítulo 42

O que acontece quando você tenta agradar a todos

"E, qualquer que, entre vós, quiser ser o primeiro, que seja vosso servo,"

Mateus 20:27

Quando você tenta agradar a todos, sua mente se escraviza de programações que o levam a acreditar e a sentir que esse é o caminho das pessoas virtuosas, sensatas e de bom coração.

Essas programações, muito provavelmente, foram criadas e desenvolvidas em sua infância, quando você recebeu orientações e também exemplos que o levaram a pensar que fazer o que os outros querem é a fórmula para ser amado e aceito socialmente.

Você cresce e, à medida que continua com esse padrão de comportamento, toma consciência de que suas expectativas de ser reconhecido, amado e aceito são portas emocionais abertas, por meio das quais muitas pessoas entram sem permissão e abusam dessa sua fragilidade, usando fiscalização e manipulação. Suas forças são vampirizadas em relacionamentos tóxicos e destrutivos, que fazem você se sentir a pior pessoa do mundo.

Agradar a todos é o caminho da negação e abandono de si mesmo. Surge, então, a angústia, algumas vezes acompanhada de depressão e outras doenças psíquicas e emocionais, em decorrência da sabotagem dos seus verdadeiros desejos e dos seus sentimentos mais legítimos. Você percebe que esse movimento de agradar não está trazendo os resultados esperados e seu sofrimento aumenta.

Para muitos, somente na meia-idade, depois de lamentáveis decepções e mágoas, é que virá a desilusão a respeito dessas programações danosas e enfermiças.

Uma vida com amor-próprio é a solução para isso. Quando você se ama, consegue dizer não sem culpa, não tenta manipular sua conduta para receber aprovação, nem procura preencher seu vazio interior com o amor de outra pessoa. Quem se ama, sabe que jamais vai conseguir agradar a todos e que jamais será reconhecido e amado pelo fato de satisfazer as vontades e aspirações alheias. Assim, aprende que ser amado é algo que só vai acontecer quando aprender a se impor, a dizer o que quer e se respeitar.

Se você tenta agradar a todos, torna-se subserviente, isto é, um escravo das ilusões alheias, que faz tudo com interesse de retorno e está sempre com um olhar dramático para todos os fatos que envolvem seus afetos.

No versículo citado, Jesus propõe que "qualquer que entre vós quiser ser o primeiro, seja vosso servo;". Ser servo deve ser entendido como ajudar, cuidar, atitude nobre de quem faz e prossegue sem nada esperar, de quem se coloca na condição de igualdade.

O subserviente quer poder sobre os outros. O servo tem poder com os outros. O primeiro tenta influenciar e dominar por meio dos serviços que presta , o segundo consegue isso naturalmente.

Sem dúvida, a condição de ser o primeiro no campo da vida emocional não é um atestado de saúde e preservação da individualidade.

Nessa passagem evangélica, o Mestre ratifica ainda: "Não será assim entre vós; mas todo aquele que quiser entre vós fazer-se grande seja vosso serviçal;"[1]

---

1   Mateus 20:26.

Se você serve sem nada esperar, guarda no íntimo a despretensão própria da natureza do amor, faz por ser coerente com suas qualidades e formas de ser. Serve na esperança de que o melhor ocorra, mas não sofre com a terrível e alucinante doença de quem serve alimentando expectativas de recompensa, tentando subjugar seus elos afetivos no círculo estreito de suas concepções pessoais e crenças limitadoras.

Quando você ama, faz o bem apenas servindo e passando despretensiosamente apenas pela alegria de realizar o bem. O efeito disso é ser grandioso, é ser o primeiro que recebe as forças da luz em seu caminho.

Frase terapêutica

Disponibilidade tóxica: você faz tudo para agradar a quem ama, recebe indiferença, e ainda chama isso de bondade.

"Agradar a todos é o caminho da negação e abandono de si mesmo."

Capítulo 43

Os dois primeiros sentimentos a enfrentar para quem busca o autoamor

Quando você inicia seus cuidados de autoamor, saindo da condição de uma pessoa apagada e que sempre faz tudo para os outros e nada por você, dois sentimentos muito fortes vão tomar conta do seu coração. São autênticos sabotadores emocionais que podem desanimá-lo.

O primeiro é a sensação de que a sua vida é um fracasso e tudo o que você fez não teve valor e que você perdeu tempo. Você sentirá muita culpa em relação ao seu passado, pensando no que fez ou deixou de fazer.

O segundo sentimento é o de que você está sendo muito egoísta ao se ocupar com você e suas necessidades pessoais, negadas por muito tempo.

Administrar esses dois sentimentos é fundamental no aprendizado do amor a si próprio. Não há como você pular esse capítulo na alfabetização emocional. Aprender a lidar com eles faz parte das lições de quem inicia um novo ciclo em sua vida. Quem se abandonou por tanto tempo para cuidar dos outros vai ter de encarar essas duas emoções sabotadoras.

Com a sensação de fracasso você descobrirá que, em verdade, o sentimento se chama frustração. Você se sentirá frustrado porque não se amparou, negligenciou-se para cuidar de quem ama, porque se excluiu do movimento de amor ao providenciar tudo para agradar e ser retribuído. A frustração é o vazio que vai no peito e causa angústia. E essa angústia é o aviso da alma dizendo: "Você ultrapassou todos os limites em relação a você mesmo, cuide-se, acolha-se, faça o caminho de volta para si!". Entretanto, que fique claro a diferença de que a sensação de fracasso é derrota e a frustração é um convite para recomeçar.

Em relação ao sentimento de egoísmo, você vai aprender que egoísta é aquele que só pensa em si e o outro não tem importância para ele. O amor-próprio, ao contrário, é tão belo que quem se ama é atraído naturalmente para se ampliar afetivamente para o próximo. Quem se ama não consegue estacionar no egoísmo e tem mais ânimo de amar o semelhante. É um impulso divino que brota naturalmente. Cuidar de si não é egoísmo. Egoísmo é a pessoa fazer tudo por quem ama e estar sempre exigindo retorno e gerando expectativas de retribuição ao que ela chama de amor.

Se você deseja aprender a se amar, vai ter de lidar com certa dose de frustração e de culpa para enfrentar esses dois sentimentos, que são necessidades de quem recomeça a grande jornada em busca de si mesmo pelos caminhos do autoamor. Escutar as mensagens educativas de ambos será penetrar em um mundo novo de experiências libertadoras.

A sabedoria de Jesus impressiona neste versículo: "Vê, pois, que a luz que em ti há não sejam trevas". Frustração e culpa culturalmente são fontes de ruína e enfermidade. Sob a ótica da mensagem do amor do Cristo, são luzes. Luzes que podem ser trevas somente se você não souber orientá-las bem nem usá-las com inteligência emocional sadia e construtora de valores morais dignos.

Aliás, o Evangelho é um repositório de educação emocional sem igual. Jesus, com Sua mensagem luminosa, antecedeu todas as correntes psicológicas e educacionais da atualidade com uma visão construtivista e transpessoal do amor.

Frase terapêutica

Querer mudanças nos outros é muito fácil. Cuide de você com amor e verá o impacto disso na órbita de sua vida.

"A frustração é o vazio que vai no peito e causa angústia."

Capítulo 44

Perceba que perfeccionismo e autocobrança são manifestações de vaidade

"E o que a si mesmo se exaltar será humilhado; e o que a si mesmo se humilhar será exaltado."

Mateus 23:12

Perfeccionismo e autocobrança são manifestações de vaidade e exaltação da personalidade. É você querendo manter uma máscara para provar algo a alguém ou a algum grupo. É você querendo dar conta e exigindo além dos seus próprios limites.

Seja você, faça seu melhor e assuma seus limites. Uma existência em paz depende de entender que na vida você responderá única e exclusivamente por seus atos, sendo inútil querer impressionar ou conquistar vantagens que levarão você à exaustão e ao desânimo.

Os fracos se fazem de fortes para gerar uma ideia falsa de si mesmos. Querem provar que são fortes e escolhem mil maneiras desastradas de demonstrar isso, muitas vezes até agredindo e desrespeitando, mantendo-se mentalmente em contínua disputa com todos e com tudo. São orgulhosos e comparam-se o tempo todo, querendo impressionar, e pagam um alto preço por essa loucura.

Pessoas fortes e humildes olham para suas imperfeições e as reconhecem sem se sentirem menores ou fracas perante os outros. Sabem das suas fraquezas, convivem bem com elas e não ficam medindo forças com ninguém. Elas se amam e não sentem necessidade de ser mais ou menos que o outro. Têm como referência e comparação a si próprios.

Reconhecem sua fragilidade, seus limites e sabem empregar a força que têm para crescer, avançar e serem felizes, sem querer fazer mais do que suportam. Rejeitam a perfeição e fazem o suficiente apenas para serem melhor a cada dia.

Ao dizer que aquele que se humilha será exaltado, Jesus revela um dos significados da palavra "humilhar": render--se. Se você se humilha, rende-se aos seus verdadeiros limites e conquistas, e por essa razão mantém-se no prumo, na linha do equilíbrio. Suas condições de êxito e identificação com as leis conspiradoras do progresso e do bem são muito maiores. Você será exaltado, isto é, colocado vibratoriamente pela sua própria postura em excelentes condições de viver bem. Sua autenticidade vai atrair o melhor, vai inspirar a confiança, seu modo de ser trará magneticamente ótimas sensações e boas companhias onde estiver.

Frase terapêutica

Quando julgamos ou cobramos, estamos estimulando o sombrio do outro e despertando o nosso.

Capítulo 45

Identifique os ciclos que se encerram nos relacionamentos e na vida

"Qualquer que procurar salvar a sua vida perdê-la-á, e qualquer que a perder salvá-la-á."

Lucas, 17:33

Todo relacionamento é construído por ciclos. Podemos nomeá-los como ciclos cármicos, ou seja, etapas com tempo determinado nas quais você terá feito um aprendizado fundamental na sua vida, para sua felicidade e libertação na evolução.

Quando um ciclo acaba, começa outro, sempre visando seu aprimoramento e aprendizado dos envolvidos. Não existem relacionamentos ao acaso. Todos têm um fim útil para crescimento intelectual, moral, emocional e espiritual.

Na teia das suas relações, o segredo para que haja melhora e avanço é saber identificar a finalidade de cada ciclo e quais são os novos comportamentos e necessidades que você será motivado a desenvolver.

Quando você não desenvolve essa habilidade ou não se interessa por esse exame, os ciclos se fecham e você e as pessoas envolvidas sentem uma perda, não sabendo explicar o que aconteceu em suas vidas. Com esse fechamento infeliz, terminam amizades, casamentos, convivência com vizinhos, filhos, familiares e colegas.

Por conta dessa ausência de consciência dos encerramentos cíclicos, você faz avaliações distorcidas dos fatos, carregadas de sofrimento, mantendo relacionamentos de fachada, em um "faz de conta" com larga carga de dependência e abusos emocionais. Você despende um esforço sobre-humano tentando sustentar papéis de cônjuge, parente, chefe, colega, amigo e outros, sem a essência da alegria de uma convivência rica em diversão, desejo, objetivos comuns e metas de melhoria. Mantém as relações baseadas em neuroses, garantidas por culpas, interesse, comodismo, ganho secundário e controle.

Saber identificar preventivamente os ciclos relacionais é uma arte que vai orientá-lo sobre o que vale a pena continuar e aprimorar e sobre o que já acabou e não tem mais chances de se manter. Essa arte só pode ser adquirida se você se compromete fielmente a cuidar de si com muito amor, descobrindo a resposta para a intrigante pergunta "O que quero da vida?" e tendo a coragem de ir em busca das suas descobertas e sonhos individuais.

Nada se finaliza na vida. Você fecha uns ciclos e abre outros. Não há fim, mas recomeços.

Muitos ciclos se encerram energeticamente, mas não necessariamente as relações. Casamentos, sociedades, amizades e quaisquer tipos de relacionamentos podem passar por esses encerramentos de ciclo sem que tenham de ser interrompidos ou sem que seja criada alguma ruptura, embora, em grande número, os encerramentos cheguem junto com a necessidade de distância, separação ou outras iniciativas que impliquem alterações mais profundas na convivência.

Em cada volta para cima na espiral da evolução, você é novamente testado com relação ao mesmo ponto da volta anterior. Os ciclos apresentam vivências e aprendizados mais profundos e amplos a cada volta, mas sempre para cima, em um crescimento constante.

Quando tudo parece ótimo ao seu olhar, é necessário um fato ou alguém para desorganizar a aparente estabilidade. Quando tudo parece péssimo, acontecem coisas maravilhosas para resgatar a estabilidade. Acima das visões limitadas que a rotina e os costumes impõem, há leis astrais e sutis regendo esses movimentos cármicos de sua vida.

Perdas e ganhos. Ao alertá-lo de que procurando salvar sua vida você a perderá e que se a perder a salvará, Jesus o prepara para viver bem os ciclos e seus aprendizados.

Sob a perspectiva de seu olhar, há coisas boas e ruins, mas sob a perspectiva da lei evolutiva dos ciclos, existem resultados e recomeços. O que é perda ao seu olhar é conquista na ótica de sua evolução. O que é salvação e ganho no seu entendimento, pode ser retrocesso sob a perspectiva da vida espiritual.

Não se prenda a conceitos de certo e errado, bom e ruim, que causam lentidão nos ciclos existenciais, fazendo uma programação mental contra si mesmo, emperrando sua vida, repetindo experiências dolorosas. O que você não aprende para e sobre você se chama carma. São as lições que voltam para você reaprender porque seu carma não é com os outros, é com você.

Ao "procurar salvar a sua vida", você reforça seu apego e mantém uma visão imutável da existência, das pessoas e dos fatos, quando, na verdade, a vida é cíclica, dinâmica e regida por impermanência. Tudo está bem hoje, amanhã nem tanto. Tudo vai mal hoje, amanhã será melhor.

Tenha referências de bom e ruim, de certo e errado e, quando for examinado pelas leis dos ciclos da vida, curve seu orgulho diante das petições das circunstâncias que, em muitas ocasiões, vão tirar de você o que aparenta possuir ou vão lhe trazer de bom o que você acha que não merece.

Frase terapêutica

Livre-se do peso de escolhas que pertencem aos outros. Cada pessoa vive um ciclo de aprendizado.

Capítulo 46

Você tem reencontro ou projeções sombrias?

"Porque nada há encoberto que não haja de ser manifesto; e nada se faz para ficar oculto, mas para ser descoberto."

Marcos 4:22

A palavra reencontro vem sendo usada com muita frequência para designar que diante de um sentimento muito intenso por outra pessoa você está diante de alguém com quem já teve muitas ligações afetivas e espirituais em outras vidas. E, ao usar essa expressão, costuma-se embutir nesse conceito a ideia de que, por ser um reencontro, aquele relacionamento será ótimo e tem enormes chances de dar certo. Porém, o que parecia um conto de fadas no início, pode em alguns dias, semanas ou anos tornar-se em desencontro. Sabe por que isso ocorre?

Uma das razões menos analisadas para esse suposto reencontro de outras vidas é que, na verdade, você não está necessariamente se encontrando com quem viveu em outras reencarnações, mas tomando contato com seu próprio sombrio, redescobrindo você mesmo por meio daquela pessoa. E quando passar aquele momento de "lua de mel" ou encantamento, você perceberá nela vários limites e imperfeições, que refletem suas próprias necessidades, defeitos e limitações, as mais difíceis de serem percebidas e admitidas, projetadas na pessoa amada. É o seu sombrio refletido no outro.

E mesmo quando há reencontro de almas, esse processo das projeções é o único capaz de explicar os motivos desse retorno ao lado de alguém. É você recebendo de volta sua própria plantação de outras vidas. Tenha cautela com essa ideia de reencontro, como se estivesse diante de sua "outra metade". Isso necessita de um enfoque mais maduro e cuidadoso.

É compreensível a sua necessidade de ser amado, de encontrar quem preencha as suas aspirações acalentadas nas fibras de sua sensibilidade, porém, melhor que a falsa metade, é o reencontro consigo, com sua parte ignorada, com o tesouro de valores e sentimentos que estão adormecidos dentro de você, com aquela parcela capaz de preenchê-lo e realizar quando for iluminada pela sua autotransformação, com essa parte que mais falta em sua vida.

Quando você procura alguém como se fosse a metade que lhe faltava, essa pessoa pode ainda levar mais um pedaço de você, e depois nem metade você vai ser. Quando isso acontece é porque ainda falta autoamor em sua vida.

O melhor que você pode fazer diante disso é procurar alguém que o valorize por inteiro e consiga ajudá-lo a cultivar o que você tem de melhor. E faça o mesmo para essa pessoa.

Relações humanas são campos para a descoberta de si mesmo: "Porque nada há encoberto que não haja de ser manifesto". Essa é a mais rica fonte de vivências para se enxergar e manifestar as encobertas expressões de seu inconsciente: "e nada se faz para ficar oculto, mas para ser descoberto". Nada ficará oculto, afinal a função da convivência é insculpir e revelar a individualidade.

E nessa ótica psicológica, o objetivo dos relacionamentos luminosos é revelar a melhor parte um do outro e um com o outro, tornando-se ambos melhores e mais experientes.

Após a tempestade da dor, quem permanecer de pé diante das suas decepções, na esfera das relações afetivas, vai ter como recompensa o direito de rever seus conceitos e suas ilusões, começando uma nova caminhada com o pé no chão e com a sabedoria de procurar alguém com quem você possa experimentar a alegria de ser quem é, fazer o seu melhor e ser amado pela outra pessoa nessas condições.

Frase terapêutica

O grande objetivo da vida é o reencontro consigo. Isso pode ser alcançado pelos caminhos do amor, que ilumina e preenche sua existência.

Tenha cautela com essa sua ideia de reencontro."

Capítulo 47

Descubra que as pessoas que você ama estão pertinho de você

"Não vos deixarei órfãos; voltarei para vós."

João 14:18

O amor continua além da vida do corpo físico.

Do lado de cá, em nosso plano de vida, pais, avós, filhos, cônjuges, tios, amigos e irmãos de todos vocês continuam a viver sob as luzes do amor de Deus.

Desencarnar não é acabar, é mudar de lugar, mudar de percepção.

Eles estão sempre nos solicitando para escrever sobre como se sentem aqui e sobre o bem e a força do amor que agora conseguem abrigar em suas almas, depois de desencarnados. Ficam mais conscientes, sensíveis e maleáveis.

Se o mais perverso dos homens recebe a bênção do amparo, que dizer daqueles que o maior mal que fizeram foi apenas não aproveitar tanto quanto podiam as suas reencarnações? Ninguém fica órfão da bondade celeste do lado de cá, pois Jesus nos prometeu, pessoalmente: "Não vos deixarei órfãos".

Acredite na presença dos seus entes queridos. Eles retornam sempre, algumas vezes em espírito e, outras, na manifestação das energias que lhes pertencem, mesmo estando longe. O laço entre vocês é algo mais comum do que se pode imaginar.

A morte não acaba com o amor e nem com a alegria sincera entre quem se ama. Mesmo que estejam distantes de você, mesmo que não os sintam, os laços de amor não se desfazem. Acredite nisso e procure sentir seus amores bem pertinho de você.

Você não precisa de médiuns nem de ir ao cemitério para isso. Precisa de fé e de tempo. Tempo para criar um momento especial para esse encontro no clima da oração e ir espiritualmente até eles.

Procure-os. Cultue seus entes amados. Eles estão pertinho de você.

A vida no mundo espiritual é uma continuidade da vida que tiveram na Terra. Tem trabalho, estudo, diversão, hospital, ordem, evolução e muito mais.

Aqui são amparados, recebem orientação e socorro dentro das suas necessidades e merecimentos. Ninguém fica sem auxílio. Ninguém fica sem acolhimento amoroso. A lei do amor de Deus é muito sábia e extensa, rica de misericórdia e bondade. A amorosidade é a lei dos planos espirituais.

Imagine sempre seus entes queridos aqui, no mundo espiritual, cobertos pelo carinho dos amigos e benfeitores. São muitos corações da luz por aqui, representando o bem e o amor. Todos os seus entes amados estão bem amparados, tratados e socorridos. Nada lhes falta.

Quer ajudá-los? Mantenha esse relacionamento de fé nos recursos de Deus, que não deixa ninguém órfão.

Pense e imagine os gestos de bondade e amor no mundo espiritual infinitamente maiores que no mundo físico.

Pense com carinho em seu ente querido e envolva-se em vibrações de confiança. Ninguém fica ao desamparo na obra de Deus.

Frase terapêutica

Faça contato com seus entes queridos no mundo espiritual. Em seus momentos de dor, suplique. Em seus momentos de alegria, agradeça-os.

Capítulo 48

Há um sentido luminoso da culpa no coração das mães

"E, vendo todos isso, murmuravam, dizendo que entrara para ser hóspede de um homem pecador."

Lucas 19:7

Amor e culpa não são polos emocionais conflitantes nas relações de amor com os filhos. A função da culpa é muito similar à da febre de quem está doente. Assim como a febre, a culpa é um sintoma de que o amor está adoecendo, é um termômetro indicador de que há algo a ser restabelecido em favor da melhoria dos laços afetivos. O conflito entre esses sentimentos só acontece quando não se dá a atenção que eles merecem ou não se sabe o que fazer, quando surgem no coração.

Quando a culpa aparece na convivência afetiva, principalmente das mães para com os filhos, é um indício da presença de ilusões na relação, que solicitam uma revisão de comportamento para o bem de ambos, assim como uma proposta de reciclagem das suas crenças, expectativas e intenções a respeito dos seus filhos.

A culpa necessariamente não significa que você falhou ou que é responsável pela dor ou pelas más escolhas dos seus filhos. Ao contrário, ela é uma amiga que quer lhe dizer: " Não espere tanto de seu filho. Apenas o aceite e o acolha com suas limitações", "você não é responsável pelas dificuldades que compete a ele resolver", "ele só vai mudar se ele quiser e isso você não pode controlar".

A culpa nas mães serve para que elas cuidem de si, olhem por si e estejam inteiras, e não aos pedaços, para realizar algo legitimamente educativo e realista por seus filhos.

O valor atribuído pela sociedade à crença de que "ser mãe é padecer no paraíso" solicita urgente exame sob a ótica do bom-senso e do avanço do papel feminino na sociedade. Não é essa a missão das mães. Essa crença é nociva, doentia e pessimista!

Jesus, o educador emocional da amorosidade incondicional, percebeu a necessidade espiritual de Zaqueu, o cobrador de impostos, que subiu em uma árvore para vê-Lo passar. O olhar penetrante do Mestre varou o coração daquele homem e, surpreendentemente, o chamou para descer da árvore nos seguintes termos: "Zaqueu, desce depressa, porque, hoje, me convém pousar em tua casa."[1]

Aqueles que presenciaram o acontecimento inesperado murmuravam contra Jesus, dizendo "que entrara para ser hóspede de um homem pecador". Não compreendiam o valor da compaixão.

A multidão sintonizou com os valores na horizontalidade moral dos bens passageiros, culpando o Senhor por pousar na casa de um pecador. Entretanto, verificamos nesse ensino a missão maternal, que é ter o olhar compassivo para os valores da verticalidade moral do afeto àqueles que estão adormecidos no coração das almas que renascem como filhos.

A missão das mães é amar e educar, não sofrer. A função maternal é a de iluminar o sentimento e tocar o coração dos espíritos renascidos do seu ventre com mais afeto e sensibilidade, despertando quanto possível o interesse dos seus rebentos pela luz do bem.

Frase terapêutica

Quem ama a si mesmo não carrega o peso de querer atender todas as expectativas das pessoas amadas.

---
1 Lucas 19:5.

Capítulo 49

Ficar ao lado de alguém para pagar dívidas espirituais não é cumprir carma

"E eu te darei as chaves do Reino dos céus, e tudo o que ligares na terra será ligado nos céus, e tudo o que desligares na terra será desligado nos céus."

Mateus 16:19

Carma e planejamento reencarnatório são assuntos muito distintos e que podem se interligar em alguns contextos.

O conceito mais sensato de carma é um aprendizado a ser feito na vida, em função de um comportamento antigo que se tornou nocivo ao bem-estar e a uma vida em equilíbrio, deixando registros danosos na consciência. O planejamento reencarnatório, por sua vez, é o roteiro organizado, antes do renascimento no corpo físico, para que o espírito consiga ter esse aprendizado.

O casamento e a formação da família, na maioria dos casos, obedecem a esse planejamento, visando à sua libertação e ao aprendizado emocional por meio de reencontros com pessoas com as quais esses registros conscienciais promoveram a desordem, a maldade, a ilusão e a dor. Entretanto, tornou-se habitual interpretar o tema de um modo menos educativo. Para muitos, o fato de ter um casamento difícil é um carma doloroso. Com base nesse conceito, formou-se a concepção popular de que duas pessoas vão se reencontrar com o objetivo de pagarem juntas o que fizeram uma à outra, ou que um deles vem com o objetivo de salvar o outro e reconduzi-lo ao caminho do bem.

O casamento não é um carma difícil na ótica de ter de suportar alguém, mas na de que há entre o casal um conflito ou uma relação tóxica a ser curada. Essa relação acontece exatamente porque ambos são chamados para um aprendizado que deve ser feito individualmente.

Você pode mesmo ter planejado sua reencarnação ao lado de alguém complicado. Isso é verdadeiro e acontece sob a tutela de espíritos queridos que anseiam seu bem e sua evolução. Carma é o que você vai aprender dentro dessa prova planejada. Você não tem carma com o outro. Você tem carma é com você e com sua consciência. Perceba as lições que você deixou de aprender em outras vidas e que o levaram a ações infelizes e nocivas. Com o outro você tem um planejamento que pode ou não ser cumprido.

O objetivo do planejamento reencarnatório é situar você no lugar certo, no melhor contexto da escola da vida, para reaprender.

Estar ao lado de alguém em relacionamentos tóxicos ou destrutivos, alegando ser isso o seu carma, é uma insensatez. É uma visão dramática e motivadora de acomodação e omissão, porque sugere a passividade e a tolerância conivente.

Muitos desses casais estão adoecendo um ao outro. E, lamentavelmente, ficam se suportando em uma vida emocionalmente escassa de amor, com o propósito de cumprir o carma atribuindo, como causa dos seus desajustes, os problemas de outras vidas passadas.

Com essa visão distorcida, subtraem a possibilidade de enxergar quais são as razões e fragilidades atuais que os mantêm infelizes, cativos e limitados em uma relação que está perturbada ou fracassada. Os problemas não são de outras vidas. São naturais desta mesmo e ancorados em posturas das outras. Assim, as situações desafiadoras de hoje são acolhidas com o ciúme, a traição, a inveja, o descuido com o carinho, a desatenção, a falta de respeito, o mau humor, a desonestidade e o interesse mesquinho com bens materiais ou ganhos sociais adquiridos no passado. Posturas que arruínam a nova plantação sagrada do casamento. Ervas daninhas no solo do afeto.

É uma fuga asseverar que o problema tem raízes exclusivamente em outras vidas. É um grande desafio o casal assumir que, no presente, não está se comportando de forma adequada para a preservação da relação e para enfrentar suas fragilidades e imperfeições próprias. Os comportamentos podem até ter raízes no passado, mas os conflitos, os descuidos e as agressões são do presente. Surgem para serem resolvidos agora, no momento atual.

O carma consiste em curar esses comportamentos velhos do passado na vida de relação do presente. O planejamento reencarnatório é o que foi organizado para o seu bem, junto àqueles com os quais você poderá assimilar lições eternas.

Jesus nos apresenta a solução, dando a você as chaves do entendimento de seu reino interior, criado por Deus, onde os vínculos no plano físico o acompanham no espiritual de forma inquestionável.

Cada ato que fere a lei do amor na trajetória de sua vida terrena constitui uma lesão no reino da própria consciência. Os frutos da conduta nociva no mundo físico acarretam correspondência no astral, gerando os seus ciclos cármicos, nos quais você colhe o que planta. O que foi feito, volta e encontra ressonância em sua alma.

Os relacionamentos criam vida ou morte no entorno da sua caminhada e, seja nesta ou em outra vida, você estará sempre sob a indução dessas criações sutis, que funcionam como pesadas algemas ou como asas libertadoras, dependendo das suas escolhas.

Diante de uma nova oportunidade, o que você reconstruir na Terra com seu novo jeito de ser, criará vida e realidade no astral que cerca seus passos.

Frase terapêutica

Não delegue a ninguém a ingrata responsabilidade de fazer você feliz. Não existe alguém suficientemente capaz dessa realização, a não ser você.

Capítulo 50

Jesus e seu comportamento amoroso no Evangelho

"Se me amardes, guardareis os meus mandamentos."

João 14:15

Jesus, em todos os episódios da Sua gloriosa missão, espalhou o perfume da amorosidade.

Orientou a mulher adúltera a não mais pecar e a incentivou para o caminho da redenção.

Encaminhou a bondade de Ananias para dissipar a cegueira de Saulo, para que ele visse o mundo com outros olhos.

Com Zaqueu, abonou seu esforço de subir na árvore e convidou-lhe à sublime tarefa de trabalhar em Seu nome.

Com Mateus, vendo-o na recebedoria de impostos, chamou-o para uma nova vida perante a multidão.

Percebendo seu apego maternal incentivou Maria a abraçar uma missão maior, a de ser a mãe da Humanidade.

Com Nicodemos, diante de sua mente confusa, acolheu sua imaturidade de compreender as leis celestes.

Com a mulher que tinha um fluxo de sangue contínuo, identificou seu sentimento de amor em meio à multidão; ao tocá-lo, estava pronta para a cura.

Com Pilatos, convocou-o a cumprir seu dever sem titubear.

Com Madalena, usou a mais incondicional forma de amar, chamando-a ao trabalho após Sua crucificação.

Em toda a caminhada do Cristo, a presença da misericórdia é um traço marcante do Seu ministério luminoso.

Para todos Ele tinha a bondade. Deu a todos o incentivo para buscarem a luz. Para qualquer pessoa, Sua leveza conduzia a estados interiores incomuns aos costumes sociais.

Sua conduta expressava o amor perdoando pecados, esquecendo o passado e abrindo a percepção de todos para um futuro melhor e mais lúcido.

Onde todos viam trevas, o Mestre destacava a esperança.

Onde todos percebiam erro, Ele o concitava ao acolhimento.

E, por fim, delegou a todos aqueles que O amam, a missão de guardar seus mandamentos, oferecendo uma prova extrema da Sua confiança em nós.

Jesus, Senhor da amorosidade, envolve-nos nas Suas energias reconfortantes e faça-nos, cada dia mais, discípulos fiéis da força libertadora do Seu amor incondicional, para que cumpramos a divina meta a nós confiada pela Sua sábia e benfazeja amorosidade.

Assim seja!

Frase terapêutica

Você já disse "eu te amo" hoje?

Agradecimento

Agradeço sensibilizado à nossa querida benfeitora Ermance Dufaux, por nos oferecer mais este livro. As suas mensagens calaram fundo em minha alma. Lições que venho me esforçando muito por aprender e viver em minhas relações. Tenho ainda muitos desafios a vencer.

Agradeço pela paciência e amorosidade que ela tem demonstrado com meus limites, mantendo sua confiança em mim como médium e aprendiz, e também pela oportunidade tão abençoada de cooperar com os seus textos, agregando as frases terapêuticas.

Wanderley Oliveira
Belo Horizonte, fevereiro de 2015.

Segue o texto mencionado por Ermance Dufaux no capítulo 30:

Os Filhos

Uma mulher que carregava o filho nos braços disse: "Fala-nos dos filhos."

E ele falou:

Vossos filhos não são vossos filhos.

São os filhos e as filhas da ânsia da vida por si mesma.

Vêm através de vós, mas não de vós.

E embora vivam convosco, não vos pertencem.

Podeis outorgar-lhes vosso amor, mas não vossos pensamentos,

Porque eles têm seus próprios pensamentos.

Podeis abrigar seus corpos, mas não suas almas;

Pois suas almas moram na mansão do amanhã,

Que vós não podeis visitar nem mesmo em sonho.

Podeis esforçar-vos por ser como eles, mas não procureis fazê-los como vós,

Porque a vida não anda para trás e não se demora com os dias passados.

Vós sois os arcos dos quais vossos filhos são arremessados como flechas vivas.

O arqueiro mira o alvo na senda do infinito e vos estica com toda a sua força

Para que suas flechas se projetem, rápidas e para longe.

Que vosso encurvamento na mão do arqueiro seja vossa alegria:

Pois assim como ele ama a flecha que voa,

Ama também o arco que permanece estável.

Do livro *O profeta* de Gibran Khalil Gibran.

Ficha técnica

Título
Jesus, a inspiração das relações luminosas

Autoria
Ermance Dufaux e Wanderley Oliveira

Edição
1ª

ISBN
978-85-63365-64-4

Projeto gráfico e diagramação
Priscilla Andrade

Capa
Wilson Meira

Preparação de originais
Maria José da Costa e Nilma Helena

Revisão da diagramação
Nilma Helena

Revisão ortográfica
Cecília Beatriz, Sandra Schamas e Nilma Helena

Composição
Adobe Indesign CS6 (plataforma Windows)

Páginas
305

Tamanho
Miolo 16x 23 cm
Capa 16 x 23 cm

Tipografia
Texto principal: Swis721BT 12pt
Título: Emotion e Helvetica Inserat

Margens
22 mm: 25 mm: 28 mm: 22 mm
(superior:inferior:interna;externa)

Papel
Miolo em Avena 80g/m²
Capa papel Pólen 250g/m2

Cores
Miolo:1 x 1 cores CMYK
Capa em 4 x 0 cores CMYK

Gráfica
AtualDV (Curitiba/PR)

Acabamento
Brochura, cadernos de 32 pp
Costurados e colados
Capa com orelhas laminação BOPP fosca
e Veniz Localizado

Tiragem
Sob demanda

Produção
Setembro 2021

Degustação

A verdade além das aparências: o universo interior.

Autoria de Samuel Gomes.

O tempo é um fenômeno da existência para o qual é necessário estarmos atentos, principalmente quando estamos ocupados em nos autoconhecer.

Se analisarmos com cuidado, veremos que existem dois tempos conjugando-se em nossas vidas: o cronológico e o mental. O primeiro existe em decorrência do movimento planetário e é perceptível pelos homens. O segundo, por sua vez, é criado por nosso pensamento sempre que nos fixamos às coisas do nosso passado ou a acontecimentos previstos para o futuro. Comparando-os, é fácil perceber que o tempo cronológico acontece naturalmente e de maneira objetiva, real, em contraposição ao tempo mental, que acontece por meio dos nossos pensamentos, sendo, portanto, ilusório e superficial, pois nos distancia da realidade e cria grande parte de nossos problemas.

Todo movimento mental traz consigo uma quantidade enorme de emoções, que são os fatores perturbadores de nossas vidas. Logo, quando nosso viver está constantemente voltado para nossas lembranças, as quais são projetadas por nós para o futuro, experimentamos o medo: medo de voltar a vivê-las, caso tenham sido dolorosas, ou medo de não vivê-las novamente, caso tenham sido prazerosas. Daí surgem sentimentos como a ansiedade e tantos outros comuns aos dias de hoje, que são efeito desse modo de viver que nos afasta dos aspectos reais de nossa existência, daquilo que acontece no "agora".

O agora é o único tempo que existe para que nossas ações determinem os rumos de nossas vidas. Viver restritos ao tempo mental é criar uma cronologia falsa e doentia. Afinal, nossas lembranças, sejam elas boas e ruins, sustentam o tempo psicológico, determinando quem somos e distanciando-nos do agora.

Precisamos compreender que viver os prazeres e as dores das experiências quando elas estão de fato acontecendo é a única maneira de aprender com elas verdadeiramente. Nessa vivência plena de cada acontecimento, encerramos a experiência quando ela termina, abrindo-nos para que ela ocorra novamente.

Muitas pessoas, não sabendo como se livrar das amarras do tempo mental, perguntam se é possível parar de pensar. No entanto, o problema não é esse. Pelo contrário, ao criarmos uma resistência aos pensamentos, nós os fortalecemos, aumentando nossa dificuldade em lidar com eles.

Nossos pensamentos, emoções, corpos, profissões, funções, roupas, entre outros tantos aspectos, são instrumentos para enriquecer as nossas vidas e não para determinar quem somos. Se conseguirmos organizá-los, colocando-os em seu devido lugar, eles proporcionarão o despertar de nossa sabedoria em viver e uma nova inteligência em agir.

As constatações aqui expostas só terão importância se conseguirmos, cada um, notá-las de forma clara no exato momento em que elas ocorrem em nossas vidas. Com essa percepção, conquistaremos, paulatinamente, o entendimento de tudo o que nos acontece e conduziremos uma ação espontânea de transformação real em nossa maneira de viver.

Nossas publicações

SÉRIE AUTOCONHECIMENTO

DEPRESSÃO E AUTOCONHECIMENTO - COMO EXTRAIR PRECIOSAS LIÇÕES DESSA DOR

A proposta de tratamento complementar da depressão aqui abordada tem como foco a educação para lidar com nossa dor, que muito antes de ser mental, é moral.

Wanderley Oliveira
16 x 23 cm
235 páginas

ebook

FALA, PRETO VELHO

Um roteiro de autoproteção energética através do autoamor. Os textos aqui desenvolvidos permitem construir nossa proteção interior por meio de condutas amorosas e posturas mentais positivas, para criação de um ambiente energético protetor ao redor de nossas vidas.

Wanderley Oliveira | Pai João de Angola
16 x 23 cm
291 páginas

ebook

QUAL A MEDIDA DO SEU AMOR?

Propõe revermos nossa forma de amar, pois estamos mais próximos de uma visão particularista do que de uma vivência autêntica desse sentimento. Superar limites, cultivar relações saudáveis e vencer barreiras emocionais são alguns dos exercícios na construção desse novo olhar.

Wanderley Oliveira | Ermance Dufaux
16 x 23 cm
208 páginas

ebook

APAIXONE-SE POR VOCÊ

Você já ouviu alguém dizer para outra pessoa: "minha vida é você"?
Enquanto o eixo de sua sustentação psicológica for outra pessoa, a sua vida estará sempre ameaçada, pois o medo da perda vai rondar seus passos a cada minuto.

Wanderley Oliveira
16 x 23 cm
152 páginas

A VERDADE ALÉM DAS APARÊNCIAS - O UNIVERSO INTERIOR

Liberte-se da ansiedade e da angústia, direcionando o seu espírito para o único tempo que realmente importa: o presente. Nele você pode construir um novo olhar, amplo e consciente, que levará você a enxergar a verdade além das aparências.

Samuel Gomes
16 x 23 cm
272 páginas

DESCOMPLIQUE, SEJA LEVE

Um livro de mensagens para apoiar sua caminhada na aquisição de uma vida mais suave e rica de alegrias na convivência.

Wanderley Oliveira
16 x 23 cm
238 páginas

7 CAMINHOS PARA O AUTOAMOR

O tema central dessa obra é o autoamor que, na concepção dos educadores espirituais, tem na autoestima o campo elementar para seu desenvolvimento. O autoamor é algo inato, herança divina, enquanto a autoestima é o serviço laborioso e paciente de resgatar essa força interior, ao longo do caminho de volta à casa do Pai.

Wanderley Oliveira | Pai João de Angola
16 x 23 cm
272 páginas

A REDENÇÃO DE UM EXILADO

A obra traz informações sobre a formação da civilização, nos primórdios da Terra, que contou com a ajuda do exílio de milhões de espíritos mandados para cá para conquistar sua recuperação moral e auxiliar no desenvolvimento das raças e da civilização. É uma narrativa do Apóstolo Lucas, que foi um desses enviados, e que venceu suas dificuldades íntimas para seguir no trabalho orientado pelo Cristo.

Samuel Gomes | Lucas
16 x 23 cm
368 páginas

AMOROSIDADE - A CURA DA FERIDA DO ABANDONO

Uma das mais conhecidas prisões emocionais na atualidade é a dor do abandono, a sensação de desamparo. Essa lesão na alma responde por larga soma de aflições em todos os continentes do mundo. Não há quem não esteja carente de ser protegido e acolhido, amado e incentivado nas lutas de cada dia.

Wanderley Oliveira | Ermance Dufaux
16 x 23 cm
300 páginas

MEDIUNIDADE - A CURA DA FERIDA DA FRAGILIDADE

Ermance Dufaux vem tratando sobre as feridas evolutivas da humanidade. A ferida da fragilidade é um dos traços mais marcantes dos aprendizes da escola terrena. Uma acentuada desconexão com o patrimônio da fé e do autoamor, os verdadeiros poderes da alma.

Wanderley Oliveira | Ermance Dufaux
16 x 23 cm
235 páginas

CONECTE-SE A VOCÊ - O ENCONTRO DE UMA NOVA MENTALIDADE QUE TRANSFORMARÁ A SUA VIDA

Este livro vai te estimular na busca de quem você é verdadeiramente. Com leitura de fácil assimilação, ele é uma viagem a um país desconhecido que, pouco a pouco, revela características e peculiaridades que o ajudarão a encontrar novos caminhos. Para esta viagem, você deve estar conectado a sua essência. A partir daí, tudo que você fizer o levará ao encontro do propósito que Deus estabeleceu para sua vida espiritual.

Rodrigo Ferretti
16 x 23 cm
256 páginas

APOCALIPSE SEGUNDO A ESPIRITUALIDADE - O DESPERTAR DE UMA NOVA CONSCIÊNCIA

Num curso realizado em uma colônia do plano espiritual, o livro Apocalipse, de João Evangelista, é estudado de forma dinâmica e de fácil entendimento, desvendando a simbologia das figuras místicas sob o enfoque do autoconhecimento.

Samuel Gomes
16 x 23 cm
313 páginas

VIDAS PASSADAS E HOMOSSEXUALIDADE - CAMINHOS QUE LEVAM À HARMONIA

"Vidas Passadas e Homossexualidade" é, antes de tudo, um livro sobre o autoconhecimento. E, mais que uma obra que trada do uso prático da Terapia de Regressão às Vidas Passadas . Em um conjunto de casos, ricamente descritos, o leitor poderá compreender a relação de sua atual encarnação com aquelas que ele viveu em vidas passadas. O obra mostra que absolutamente tudo está interligado. Se o leitor não encontra respostas sobre as suas buscas psicológicas nesta vida, ele as encontrará conhecendo suas vidas passadas.
Samuel Gomes

Dra. Solange Cigagna
16 x 23 cm
364 páginas

SÉRIE CONSCIÊNCIA DESPERTA

SAIA DO CONTROLE - UM DIÁLOGO TERAPEUTICO E LIBERTADOR ENTRE A MENTE E A CONSCIÊNCIA

Agimos de forma instintiva por não saber observar os pensamentos e emoções que direcionam nossas ações de forma condicionada. Por meio de uma observação atenta e consciente, identificando o domínio da mente em nossas vidas, passamos a viver conscientes das forças internas que nos regem.

Rossano Sobrinho
16 x 23 cm
268 páginas

SÉRIE CULTO NO LAR

VIBRAÇÕES DE PAZ EM FAMÍLIA

Quando a família se reune para orar, ou mesmo um de seus componetes, o ambiente do lar melhora muito. As preces são emissões poderosas de energia que promovem a iluminação interior. A oração em família traz paz e fortalece, protege e ampara a cada um que se prepara para a jornada terrena rumo à superação de todos os desafios.

Wanderley Oliveira | Ermance Dufaux
16 x 23 cm
212 páginas

JESUS - A INSPIRAÇÃO DAS RELAÇÕES LUMINOSAS

Após o sucesso de "Emoções que curam", o espírito Ermance Dufaux retorna com um novo livro baseado nos ensinamentos do Cristo, destacando que o autoamor é a garantia mais sólida para a construção de relacionamentos luminosos.

Wanderley Oliveira | Ermance Dufaux
16 x 23 cm
304 páginas

REGENERAÇÃO - EM HARMONIA COM O PAI

Nos dias em que a Terra passa por transformações fundamentais, ampliando suas condições na direção de se tornar um mundo regenerado, é necessário desenvolvermos uma harmonia inabalável para aproveitar as lições que esses dias nos proporcionam por meio das nossas decisões e das nossas escolhas, [...].

Samuel Gomes | Diversos Espíritos
16 x 23 cm
223 páginas

PRECES ESPÍRITAS

Porque e como orar?
O modo como oramos influi no resultado de nossas preces?
Existe um jeito certo de fazer a oração?
Allan Kardec nos afirma que *"não há fórmula absoluta para a prece"*, mas o próprio Evangelho nos orienta que *"quando oramos, devemos entrar no nosso aposento interno do coração e, fechando a porta, busquemos Deus que habita em nós; e Ele, que vê nossa mais secreta realidade espiritual, nos amparará em todas as necessidades. Ao orarmos, evitemos as repetições de orações realizadas da boca para fora, como muitos que pensam que por muito falarem serão ouvidos. Oremos a Deus em espírito e verdade porque nosso Pai sabe o que nos é necessário, antes mesmo de pedirmos ".*
(Mateus 6:5 a 8)

Allan Kardec
16 x 23 cm
145 páginas

ebook

O EVANGELHO SEGUNDO O ESPIRITISMO

O Evangelho de Jesus Cristo foi levado ao mundo por meio de seus discípulos, logo após o desencarne do Mestre na cruz. Mas o Evangelho de Cristo foi, muitas vezes, alterado e deturpado através de inúmeras edições e traduções do chamado Novo Testamento. Agora, a Doutrina Espírita, por meio de um trabalho sob a óptica dos espíritos e de Allan Kardec, vem jogar luz sobre a verdadeira face de Cristo e seus ensinamentos de perdão, caridade e amor.

Allan Kardec
16 x 23 cm
431 páginas

ebook

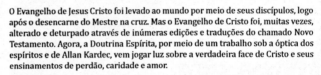

SÉRIE DESAFIOS DA CONVIVÊNCIA

QUEM SABE PODE MUITO. QUEM AMA PODE MAIS

A lição central desta obra é mostrar que o conhecimento nem sempre é suficiente para garantir a presença do amor nas relações. "Estar informado é a primeira etapa. Ser transformado é a etapa da maioridade." - Eurípedes Barsanulfo.

Wanderley Oliveira | José Mário
16 x 23 cm
312 páginas

ebook

QUEM PERDOA LIBERTA - ROMPER OS FIOS DA MÁGOA ATRAVÉS DA MISERICÓRDIA

Continuação do livro "QUEM SABE PODE MUITO. QUEM AMA PODE MAIS" dando sequência à trilogia "Desafios da Convivência".

Wanderley Oliveira | José Mário
16 x 23 cm
320 páginas

ebook

SERVIDORES DA LUZ NA TRANSIÇÃO PLANETÁRIA

Nesta obra recebemos o convite para nos integrar nas fileiras dos Servidores da Luz, atuando de forma consciente diante dos desafios da transição planetária. Brilhante fechamento da trilogia.

Wanderley Oliveira | José Mário
14x21 cm
298 páginas

 SÉRIE ESPÍRITOS DO BEM

GUARDIÕES DO CARMA - A MISSÃO DOS EXUS NA TERRA

Pai João de Angola quebra com o preconceito criado em torno dos exus e mostra que a missão deles na Terra vai além do que conhecemos. Na verdade, eles atuam como guardiões do carma, nos ajudando nos principais aspectos de nossas vidas.

Wanderley Oliveira | Pai João de Angola
16 x 23 cm
288 páginas

GUARDIÃS DO AMOR - A MISSÃO DAS POMBAGIRAS NA TERRA

"São um exemplo de amor incondicional e de grandeza da alma. São mães dos deserdados e angustiados. São educadoras e desenvolvedoras do sagrado feminino, e nesse aspecto são capazes de ampliar, nos homens e nas mulheres, muitas conquistas que abrem portas para um mundo mais humanizado, [...]".

Wanderley Oliveira | Pai João de Angola
16 x 23 cm
232 páginas

GUARDIÕES DA VERDADE - NADA FICARÁ OCULTO

Neste momento de batalhas decisivas rumo aos tempos da regeneração, esta obra é um alerta que destaca a importância da autenticidade nas relações humanas e da conduta ética como bases para uma forma transparente de viver. A partir de agora, nada ficará oculto, pois a Verdade é o único caminho que aguarda a humanidade para diluir o mal e se estabelecer na realidade que rege o universo.

Wanderley Oliveira | Pai João de Angola
16 x 23 cm
236 páginas

SÉRIE ESTUDOS DOUTRINÁRIOS

ATITUDE DE AMOR

Opúsculo contendo a palestra "Atitude de Amor" de Bezerra de Menezes, o debate com Eurípedes Barsanulfo sobre o período da maioridade do Espiritismo e as orientações sobre o "movimento atitude de amor". Por uma efetiva renovação pela educação moral.

Wanderley Oliveira | Ermance Dufaux e Cícero Pereira
14 x 21 cm
94 páginas

SEARA BENDITA

Um convite à reflexão sobre a urgência de novas posturas e conceitos. As mudanças a adotar em favor da construção de um movimento social capaz de cooperar com eficácia na espiritualização da humanidade.

Wanderley Oliveira e Maria José Costa | Diversos Espíritos
14 x 21 cm
284 páginas

Gratuito em nosso site, somente em:

NOTÍCIAS DE CHICO

"Nesta obra, Chico Xavier afirma com seu otimismo natural que a Terra caminha para uma regeneração de acordo com os projetos de Jesus, a caracterizar-se pela tolerância humana recíproca e que precisamos fazer a nossa parte no concerto projetado pelo Orientador Maior, principalmente porque ainda não assumimos responsabilidades mais expressivas na sustentação das propostas elevadas que dizem respeito ao futuro do nosso planeta."

Samuel Gomes | Chico Xavier
16 x 23 cm
181 páginas

SÉRIE FAMÍLIA E ESPIRITUALIDADE

UM JOVEM OBSESSOR - A FORÇA DO AMOR NA REDENÇÃO ESPIRITUAL

Um jovem conta sua história, compartilhando seus problemas após a morte, falando sobre relacionamentos, sexo, drogas e, sobretudo, da força do amor na redenção espiritual.

Adriana Machado | Jefferson
16 x 23 cm
392 páginas

UM JOVEM MÉDIUM - CORAGEM E SUPERAÇÃO PELA FORÇA DA FÉ

A mediunidade é um canal de acesso às questões de vidas passadas que ainda precisam ser resolvidas. O livro conta a história do jovem Alexandre que, com sua mediunidade, se torna o intermediário entre as histórias de vidas passadas daqueles que o rodeiam tanto no plano físico quanto no plano espiritual. Surpresos com o dom mediúnico do menino, os pais, de formação Católica, se veem às voltas com as questões espirituais que o filho querido traz para o seio da família.

Adriana Machado | Ezequiel
16 x 23 cm
365 páginas

RECONSTRUA SUA FAMÍLIA - CONSIDERAÇÕES PARA O PÓS-PANDEMIA

Vivemos dias de definição, onde nada mais será como antes. Necessário redefinir e ampliar o conceito de família. Isso pode evitar muitos conflitos nas interações pessoais. O autoconhecimento seguido de reforma íntima será o único caminho para transformação do ser humano, das famílias, das sociedades e da humanidade.

Dr. Américo Canhoto
16 x 23 cm
237 páginas

SÉRIE HARMONIA INTERIOR

LAÇOS DE AFETO - CAMINHOS DO AMOR NA CONVIVÊNCIA

Uma abordagem sobre a importância do afeto em nossos relacionamentos para o crescimento espiritual. São textos baseados no dia a dia de nossas experiências. Um estímulo ao aprendizado mais proveitoso e harmonioso na convivência humana.

Wanderley Oliveira | Ermance Dufaux
16 x 23 cm
312 páginas

 [ESPANHOL]

MEREÇA SER FELIZ - SUPERANDO AS ILUSÕES DO ORGULHO

Um estudo psicológico sobre o orgulho e sua influência em nossa caminhada espiritual. Ermance Dufaux considera essa doença moral como um dos mais fortes obstáculos à nossa felicidade, porque nos leva à ilusão.

Wanderley Oliveira | Ermance Dufaux
16 x 23 cm
296 páginas

 [ESPANHOL]

REFORMA ÍNTIMA SEM MARTÍRIO - AUTOTRANSFORMAÇÃO COM LEVEZA E ESPERANÇA

As ações em favor do aperfeiçoamento espiritual dependem de uma relação pacífica com nossas imperfeições. Como gerenciar a vida íntima sem adicionar o sofrimento e sem entrar em conflito consigo mesmo?

Wanderley Oliveira | Ermance Dufaux
16 x 23 cm
288 páginas

ebook ESPANHOL INGLÊS

PRAZER DE VIVER - CONQUISTA DE QUEM CULTIVA A FÉ E A ESPERANÇA

Neste livro, Ermance Dufaux, com seus ensinos, nos auxilia a pensar caminhos para alcançar nossas metas existenciais, a fim de que as nossas reencarnações sejam melhor vividas e aproveitadas.

Wanderley Oliveira | Ermance Dufaux
16 x 23 cm
248 páginas

ESCUTANDO SENTIMENTOS - A ATITUDE DE AMAR-NOS COMO MERECEMOS

Ermance afirma que temos dado passos importantes no amor ao próximo, mas nem sempre sabemos como cuidar de nós, tratando-nos com culpas, medos e outros sentimentos que não colaboram para nossa felicidade.

Wanderley Oliveira | Ermance Dufaux
16 x 23 cm
256 páginas

ebook ESPANHOL

DIFERENÇAS NÃO SÃO DEFEITOS - A RIQUEZA DA DIVERSIDADE NAS RELAÇÕES HUMANAS

Ninguém será exatamente como gostaríamos que fosse. Quando aprendemos a conviver bem com os diferentes e suas diferenças, a vida fica bem mais leve. Aprenda esse grande SEGREDO e conquiste sua liberdade pessoal.

Wanderley Oliveira | Ermance Dufaux
16 x 23 cm
248 páginas

EMOÇÕES QUE CURAM - CULPA, RAIVA E MEDO COMO FORÇAS DE LIBERTAÇÃO

Um convite para aceitarmos as emoções como forma terapêutica de viver, sintonizando o pensamento com a realidade e com o desenvolvimento da autoaceitação.

Wanderley Oliveira | Ermance Dufaux
16 x 23 cm
272 páginas

SÉRIE REFLEXÕES DIÁRIAS

PARA SENTIR DEUS

Nos momentos atuais da humanidade sentimos extrema necessidade da presença de Deus. Ermance Dufaux resgata, para cada um, múltiplas formas de contato com Ele, de como senti-Lo em nossas vidas, nas circunstâncias que nos cercam e nos semelhantes que dividem conosco a jornada reencarnatória. Ver, ouvir e sentir Deus em tudo e em todos.

Wanderley Oliveira | Ermance Dufaux
11 x 15,5 cm
133 páginas
Somente ebook

LIÇÕES PARA O AUTOAMOR

Mensagens de estímulo na conquista do perdão, da aceitação e do amor a si mesmo. Um convite à maravilhosa jornada do autoconhecimento que nos conduzirá a tomar posse de nossa herança divina.

Wanderley Oliveira | Ermance Dufaux
11 x 15,5 cm
128 páginas

Somente ebook

RECEITAS PARA A ALMA

Mensagens de conforto e esperança, com pequenos lembretes sobre a aplicação do Evangelho para o dia a dia. Um conjunto de propostas que se constituem em verdadeiros remédios para nossas almas.

Wanderley Oliveira | Ermance Dufaux
11 x 15,5 cm
146 páginas

Somente ebook

SÉRIE REGENERAÇÃO

FUTURO ESPIRITUAL DA TERRA

As necessidades, as estruturas perispirituais e neuropsíquicas, o trabalho, o tempo, as características sociais e os próprios recursos de natureza material se tornarão bem mais sutis. O futuro já está em construção e André Luiz, através da psicografia de Samuel Gomes, conta como será o Futuro Espiritual da Terra.

Samuel Gomes | André Luiz
16 x 23 cm
344 páginas

XEQUE-MATE NAS SOMBRAS - A VITÓRIA DA LUZ

André Luiz traz notícias das atividades que as colônias espirituais, ao redor da Terra, estão realizando para resgatar os espíritos que se encontram perdidos nas trevas e conduzi-los a passar por um filtro de valores, seja para receberem recursos visando a melhorar suas qualidades morais – se tiverem condições de continuar no orbe – seja para encaminhá-los ao degredo planetário.

Samuel Gomes | André Luiz
16 x 23 cm
212 páginas

A DECISÃO - CRISTOS PLANETÁRIOS DEFINEM O FUTURO ESPIRITUAL DA TERRA

"Os Cristos Planetários do Sistema Solar e de outros sistemas se encontram para decidir sobre o futuro da Terra na sua fase de regeneração. Numa reunião que pode ser considerada, na atualidade, uma das mais importantes para a humanidade terrestre, Jesus faz um pronunciamento direto sobre as diretrizes estabelecidas por Ele para este período."

Samuel Gomes | André Luiz e Chico Xavier
16 x 23 cm
210 páginas

 ## SÉRIE ROMANCE MEDIÚNICO

OS DRAGÕES - O DIAMANTE NO LODO NÃO DEIXA DE SER DIAMANTE

Um relato leve e comovente sobre nossos vínculos com os grupos de espíritos que integram as organizações do mal no submundo astral.

Wanderley Oliveira | Maria Modesto Cravo
16 x 23cm
522 páginas

LÍRIOS DE ESPERANÇA

Ermance Dufaux alerta os espíritas e lidadores do bem de um modo geral, para as responsabilidades urgentes da renovação interior e da prática do amor neste momento de transição evolutiva, através de novos modelos de relação, como orientam os benfeitores espirituais.

Wanderley Oliveira | Ermance Dufaux
16 x 23 cm
508 páginas

AMOR ALÉM DE TUDO

Regras para seguir e rótulos para sustentar. Até quando viveremos sob o peso dessas ilusões? Nessa obra reveladora, Dr. Inácio Ferreira nos convida a conhecer a verdade acima das aparências. Um novo caminho para aqueles que buscam respeito às diferenças e o AMOR ALÉM DE TUDO.

Wanderley Oliveira | Inácio Ferreira
16 x 23 cm
252 páginas

ABRAÇO DE PAI JOÃO

Pai João de Angola retorna com conceitos simples e práticos, sobre os problemas gerados pela carência afetiva. Um romance com casos repletos de lutas, desafios e superações. Esperança para que permaneçamos no processo de resgate das potências divinas de nosso espírito.

Wanderley Oliveira | Pai João de Angola
16 x 23 cm
224 páginas

UM ENCONTRO COM PAI JOÃO

A obra também fala do valor de uma terapia, da necessidade do autoconhecimento, dos tipos de casamentos programados antes do reencarne, dos processos obsessivos de variados graus e do amparo de Deus para nossas vidas por meio dos amigos espirituais e seus trabalhadores encarnados. Narra também em detalhes a dinâmica das atividades socorristas do centro espírita.

Wanderley Oliveira | Pai João de Angola
16 x 23 cm
220 páginas

O LADO OCULTO DA TRANSIÇÃO PLANETÁRIA

O espírito Maria Modesto Cravo aborda os bastidores da transição planetária com casos conectados ao astral da Terra.

Wanderley Oliveira | Maria Modesto Cravo
16 x 23 cm
288 páginas

ebook

PERDÃO - A CHAVE PARA A LIBERDADE

Neste romance revelador, conhecemos Onofre, um pai que enfrenta a perda de seu único filho com apenas oito anos de idade. Diante do luto e diversas frustrações, um processo desafiador de autoconhecimento o convida a enxergar a vida com um novo olhar. Será essa a chave para a sua libertação?

Adriana Machado | Ezequiel
14 x 21 cm
288 páginas

ebook

1/3 DA VIDA - ENQUANTO O CORPO DORME A ALMA DESPERTA

A atividade noturna fora da matéria representa um terço da vida no corpo físico, e é considerada por nós como o período mais rico em espiritualidade, oportunidade e esperança.

Wanderley Oliveira | Ermance Dufaux
16 x 23 cm
279 páginas

ebook

NEM TUDO É CARMA, MAS TUDO É ESCOLHA

Somos todos agentes ativos das experiências que vivenciamos e não há injustiças ou acasos em cada um dos aprendizados.

Adriana Machado | Ezequiel
16 x 23 cm
536 páginas

ebook

RETRATOS DA VIDA - AS CONSEQUÊNCIAS DO DESCOMPROMETIMENTO AFETIVO

Túlio costumava abstrair-se da realidade, sempre se imaginando pintando um quadro; mais especificamente pintando o rosto de uma mulher.
Vivendo com Dora um casamento já frio e distante, uma terrível e insuportável dor se abate sobre sua vida. A dor era tanta que Túlio precisou buscar dentro de sua alma uma resposta para todas as suas angústias..

Clotilde Fascioni
16 x 23 cm
175 páginas

O PREÇO DE UM PERDÃO - AS VIDAS DE DANIEL

Daniel se apaixona perdidamente e, por várias vidas, é capaz de fazer qualquer coisa para alcançar o objetivo de concretizar o seu amor. Mas suas atitudes, por mais verdadeiras que sejam, o afastam cada vez mais desse objetivo. É quando a vida o para.

André Figueiredo e Fernanda Sicuro | Espírito Bruno
16 x 23 cm
333 páginas

Livros que transformam vidas!

Acompanhe nossas redes sociais

(lançamentos, conteúdos e promoções)

- @editoradufaux
- facebook.com/EditoraDufaux
- youtube.com/user/EditoraDufaux

Conheça nosso catálogo e mais sobre nossa editora. Acesse os nossos sites

Loja Virtual
- www.dufaux.com.br

eBooks, conteúdos gratuitos e muito mais
- www.editoradufaux.com.br

Entre em contato com a gente.

Use os nossos canais de atendimento

- (31) 99193-2230
- (31) 3347-1531
- www.dufaux.com.br/contato
- sac@editoradufaux.com.br
- Rua Contria, 759 | Alto Barroca | CEP 30431-028 | Belo Horizonte | MG